월 1000만 원 수익

자동화
1인치 마케팅

월 1000만 원 수익 자동화 1인치 마케팅

초판인쇄	2020년 04월 11일
초판발행	2020년 04월 16일
지은이	석이준
발행인	조현수
펴낸곳	도서출판 더로드
마케팅	최관호
IT 마케팅	조용재
디자인 디렉터	오종국 Design CREO
ADD	경기도 고양시 일산동구 백석2동 1301-2
	넥스빌오피스텔 704호
전화	031-925-5366~7
팩스	031-925-5368
이메일	provence70@naver.com
등록번호	제2015-000135호
등록	2015년 06월 18일
ISBN	979-11-6338-069-6-03320

정가 15,800원

월 1000만 원 수익

자동화
1인치 마케팅

석이준 지음

도서출판 **더로드**
The Road Books

"수익자동화로 지속해서 수익이 들어오는 것은 이제 꿈이 아니다"

오늘날 '4차 산업의 혁명', '욜로', '디지털노마드족' 이라는 말들도 한물간 이야기가 되고 있을 만큼 너무나 빠르게 변화 하는 시대에 사는 것이 현실이다.

앞으로 우리나라는 지금보다 취업난이 더욱 극심해질 것이고 현재 국내 부동산 시장은 꽁꽁 얼어붙어 언제 풀릴지도 모른다. 앞으로 나올 정책들도 우리들과 상관없이 돈이 있는 사람들에게 항상 유리하게 작용하고 있는 것처럼 보인다. 언제나 우리들의 삶의 방향은 항상 타인에 의해서 모든 것이 결정되었고 그렇게 흘러가는 것이 정상처럼 느껴진다.

북미 정상회담과 같은 일들도 우리가 받는 월급과 상관관계가 있어 보이지 않는다. 항상 새로운 도전을 하라고, 습관만 바꾸면 100억대 부자가 될 수 있다고 말하는 책들은 많지만 그러한 서적이 실로 내게 필요한 것은 아니다.

그리고 내가 필요한 돈은 먼 미래의 100억이 아니다. 매달 꾸준히 들어오는 500만 원~600만 원이 더 크게 느껴질지 모른다. 아니, '매달 자동으로 내가 쓸 수 있는 돈이 안정적으로 들어오면 얼마나 좋을까' 라고 생각하며 오늘도 출근길에 오른다. 안정적으로 들어오는 돈이 있어야 실제로 투자할 수 있는 여지가 생긴다.

우리는 주말에는 여행도 가고, 쉬고 싶을 때 과감히 여행도 다녀올 수 있는 그런 삶을 살고 싶어 한다. 항상 상상만 하던 이야기지만 정작 실행에 옮기려고 하면 나의 발목을 잡는 것은 돈과 시간이었다. 단연코 그중에 제일 중요한 것은 돈. 자본일 것이다.

하지만 만약 수익이 자동으로 들어오는 시스템을 온전히 내가 가지고 있었다면 어떨까?

상황은 반전될 것이다. 건물주가 조물주 위에 있다는 세상에서 온라인상의 나만의 건물을 지어 본다면, 그리고 한 발 더 나가 수익자동화 시스템을 만들고, 이 시스템을 가진다면 그것을 가지고 있는 사람의 미래의 모습은 완전히 다를 것이라고 믿는다.

다른 한편으로 오프라인 매장을 낸다면 나만의 시간과 충분히 쓸 수 있는 돈이 수중에 생길까? 그리고 과연 실행 가능할까?

사실상 수익을 낼 수는 있지만, 거기에 따르는 수많은 투자금과 매달 돌아오는 직원 월급, 임대료, 전기세, 식대 등등 만만찮은 부대비용을 마련해야 하고. 또 만약 장사가 안 된다면 매월 지출되는 비용이 누적된다면 그 비용은 수천만 원의 빚으로 불어나게 될 것이다. 그럼 과연 공휴일, 주말에는 쉴 수 있을까?

천만의 말씀이다. 직원은 쉬어도 사장은 못 쉰다. 그것이 냉혹한 현실이다.

그래서 만든 것이 수익자동화 1인치 마케팅이다.

현재 수많은 광고에서 마케터들이 4차 산업혁명의 시대를 이야기하고 '욜로(YOLO)'를 이야기한다. 그러나 이미 이런 말들로 자신의 시스템, 플랫폼을 홍보하고 있다면 이미 철 지난 이야기를 하고 있을지도 모른다.

　이미 페이스북, 인스타그램, 네이버 쇼핑 등은 하루가 다르게 매일 변화하며 소비자의 요구가 있기 전 소비 패턴을 분석하고, 여기에 수만 가지의 경우의 수를 조합하여 효과적인 대안을 제시하는 시대이다. '초스피드의 시대'가 다가오고 있다.

　그런데 아직도 직장 생활이나 자신의 오프라인 매장에 목을 매고 있는 사람들이 온라인 시장에 발을 들이지 않는다면 앞으로 수년 내에 자신의 수입 하강 곡선을 보면서 앞으로의 일을 걱정하는 처지에 놓일 것으로 생각된다.

　〈부의 추월차선〉이란 책에서는 부의 추월차선에 들어가야 한다고 이야기한다. 그러나 이젠 부의 추월차선을 넘어 부의 타임라인에 들어가야 한다고 필자는 생각한다.

　스마트폰의 보급으로 시간의 개념이 무너지고 지식의 경계가 허물어지고 있다. 자신에게 필요한 자료는 유튜브, 구글, 네이버 등에서 실시간으로 검색, 활용이 가능한 시대인 것이다. 구글 번역 시스템의 도입 이후 수많은 번역 시스템의 도입으로 언어의 장벽마저 무너져 가고 있다.

월 1000만 원 버는 1인치 마케팅을 이야기하며 왜 이런 이야기들을 하는 것일까?

17년간 인테리어 현장에서 오롯이 노동이라는 대가로만 적잖은 수입을 내던 필자가 수입원이 전무한 상태가 되고 이를 계기로 내가 노동으로 일하지 않아도 수익이 생길 수 있는 온라인 마케팅을 실무에 적용했다. 프로마케터에 그치지 않고 판매영역으로 확대하였으며 더 나아가 온라인으로 상품을 소싱하고 판매하는 수익구조를 자동화할 수 있는 비즈니스 모델로 만들었다. 그리고 수익 극대화를 위해 1인치 수익자동화 마케팅이라는 개념을 새롭게 도입하게 되었다.

내가 밤에 쉬고 있어도 주문이 들어오고 자동으로 세팅해 놓은 광고가 SNS에서 돌아가고 주문이 들어오고 상품 주문과 발송은 대행 시스템이 대신해 주고 있다. 보다 적은 시간과 자본을 들여 수익 창출을 자동화할 수 있는 시스템을 만들었고 이것이 수익자동화 1인치 마케팅의 핵심이다.

중요한 것은 나만의 비즈니스 모델을 만들고 그에 맞는 온라인 홍보 채널을 도입하여 자신의 상태에 따라 맞게 활용해서 쓰는 일이다.

부의 추월차선을 넘어 부의 타임라인에 올라타서 자동화 시스템을 직접 만들고 시작부터 끝까지 한 사이클로 경험해 볼 수 있다면 앞으로 더 많은 수익모델을 만들 수 있는 능력을 갖추게 될 것이다. 또한, 자신에게 맞는 수익자동화 시스템을 만들 수 있을 것이다.

그래서 부의 추월차선을 넘어 부의 타임라인에서 수익자동화를 여러분도 맛보기를 원한다.

필자와 같이 수익자동화를 만들고 한발 더 나아가 이렇게 만든 자본을 기반으로 돈의 원심력을 이용하여 더 크게 만드는 것이 이 책의 궁극적인 목적이다.

이 책을 읽고 같이 부의 타임라인에서 승리하고 실행하며, 항상 이기는 방법을 설정하고 배워서 자신만의 온라인 공간을 창조하여 시간적 공간적인 자유를 누릴 권리를 만들었으면 좋겠다.

1인치 수익자동화 시스템을 쓰며 2019년 12월

저자 **석이준**

Contents | 차례

변화하지 않으면 미래는 없다.

PART

01

당신의 직장은
안전하십니까?

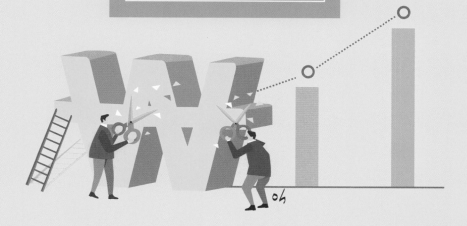

01
당신의 직장은 안전하십니까?

　　대기업에 들어간 친구를 이번 연말에 만났다. 사는 게 서로 바쁘다 보니 자주 만나진 못했어도 그놈은 임원을 목표로 달려왔다는 것을 알기에 '이번에는 임원을 달겠구나.' 하는 기대감을 가지고 모임에 나갔다. 그런데 생각과는 달리 충격적인 이야기로 전개되었다.

　　차장을 달고 난 이후로 그렇게 열심히 달려온 자기 자신이 더 이상 위로 올라가기란 힘들다는 사실을 한 번 더 실감하게 되었고 이번 중국 지사 발령을 자청한 것도 이젠 퇴직을 걱정하는 입장이 되었으며 퇴직 후 일할 수 있는 자리를 확보하고 퇴직 이후를 도모하기 위해서라고 이야기하였다.

　　이처럼 이제는 대기업 상사맨도 안정된 직장 생활을 한다는 것이

예전보다는 힘들어진 것이 확실하다.

100세 시대를 이야기하는 오늘 우리도 언젠가는 하던 일을 그만두는 시기가 온다는 것은 자명한 일이다. 그런데 막상 하는 일을 그만두면 무엇을 할 것인가를 고민하기에는 우리의 일상이 너무도 바쁘게 돌아가고 정말 정신없이 하루하루가 지나간다.

IMF를 겪어 보았지만 지금 2020년 오히려 그 시절이 그래도 괜찮은 것 같다는 푸념을 늘어놓는 이들이 늘어나고 있는 것을 보면, 정말 지금의 경제 사정은 한 치 앞을 내다보기 힘든 것이 현실이다.

직장 없는 시대가 온다

직장이 없는 시대가 온다 – 새라 케슬러 지음

모바일 시대 임시직의 급증으로 주차대행은 물론 간단한 쇼핑을 대신 해주는 일부터 가사도우미, 출장 요리사 등 모바일을 활용해 임시로 고용하고 필요한 시간에 이러한 서비스를 이용하고 이들에 의해 경제가 주도되는 "임시 경제"를 가리켜 긱(Gig) 경제라 한다.

300페이지가 넘는 책에서 이야기하는 것도 이와 같은 현실적인 이야기를 하고 있다. 물론 미국을 중심으로 확산된 이야기지만, 우리나라도 예외는 아니다.

이제 직장인이 저녁이나 다른 시간을 이용하여 아르바이트를 하거나 아니면 완전 고용형태가 아닌 프리랜서 개념의 1인 창업가들이 온라인상에서 자신의 재능을 가지고 프리랜서로 활동하는 어플리케이션이 또 하나의 경제 활동으로 자리매김한 지 오래되었다.

이제는 살아가면서 2개 3개의 직업을 갖는 것이 당연하다고 생각되는 사회가 되었으며 이젠 투잡을 갖는 직장인들도 심심치 않게 보게 된다.

이렇게 빠르게 진화하고 있는 세상에서 지금까지 알고 있던 지식을 기반으로 살아간다는 것은 아마도 이전에 재래식 무기를 가지고 전쟁터에 나가는 것과 같을 것이다.

이제 함께 온라인 판매의 경험을 내 것으로 만들고 이를 바탕으로 하고자 하는 자신의 일에 접목시켜 발전시킨다면 더 좋은 환경을 만드는 기반이 될 것이다.

02
달라지는 직업관

직업군 또한 달라지고 있다. 이전에 없던 직업군이 나오고 있으며 그 직업의 생명 주기 또한 짧아지고 있다.

아날로그 직업군에서 온라인 직업군으로 달라지는 직업관

요즘 유행하는 학과별 유망직종

체대 : 헬스 유튜버

연극영화과 : 일상 유튜버

외국어과 : 유튜버 자막 번역가

식품 조리학과 : 쿡방 유튜버

몇 년 전까지만 하더라도 유튜버는 특이한 사람들이 하는 온라인 방송의 한 종류로만 여겨지던 때도 있었다. 그런데 이제는 엄연한 직업군의 하나로 자리를 잡아가고 있으며 억대 연봉의 유튜버들이 공중파로 진입하여 전문가로서 활동하는 것을 보면 하나의 직업군이 생기고 이렇게 빨리 공중파에 정착하는 모습을 보여주는 것은 참으로 놀랍지 않을 수 없으며 이러한 현상또한 자연스러워졌다.

이처럼 직업군 자체가 새롭게 생겨나고 변화하는 것이 온라인뿐만 아니라 오프라인에서도 같은 변화가 일어나고 있다.

4차 산업 혁명을 이야기하고 원격근무를 이야기하면 이젠 나이 먹은 사람이라고 광고하고 다는 것과 다름없는 시대이기도 하다.
원격근무를 넘어 디지털 노마드라는 직업군 새롭게 생겨났을 만큼 온라인 세상에서 수익을 만들고 그 수익원으로 부를 확장해 나가는 사람들이 점점 늘어나고 있다.

이처럼 직장의 모습도 예전과는 많이 달라지고 있다.

변화하고 변화를 익히지 않으면 도태한다.
온라인 플랫폼 기업 중 하나인 우버(Uber)의 전 세계 기사수는 11만 명에 이른다는 기사가 2015년 발표된 적이 있다.

2018년 카카오 택시와 카카오 대리 앱이 대리기사와 택시 업계를 위협한다고 시위를 하고 있다는 기사를 접한 적도 있다.

전통적인 직업군의 노동 여건도 이제는 온라인의 확대로 인하여 위협을 받고 있다.

자신이 오프라인에서 매장의 운영하던 직장인이든, 프리랜서로 일을 하든 간에 이제는 온라인의 변화를 받아들이고 배우지 않으면 현재 유지하고 있는 자신의 직업 또한 위태롭다는 이야기를 하는 것이다. 이것이 냉혹한 것이 지금의 현실이다.

변화하지 않으면 미래는 없다

필자가 인테리어 일을 하며 온라인 쇼핑에 관하여 책을 쓰고, 온라인 마케팅을 공부하고 변화하려는 것은 단순히 온라인 사업이 좋아 보이고 편하다고 생각해서가 아니다.

진정으로 디지털 마케팅을 통하여 자신의 상품을 판매와 홍보를 하지 않는다면 지금 하고 있는 이 일에서도 도태될 것이라고 생각해서이다.

다시 한번 강조하지만 이젠 변화해야 살아남을 수 있다.

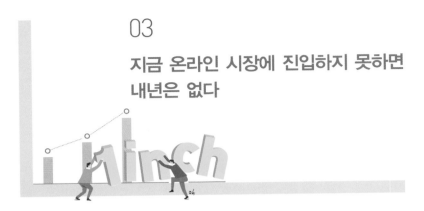

03
지금 온라인 시장에 진입하지 못하면 내년은 없다

네이버의 진화 : 온라인 쇼핑으로의 본격적인 진입

네이버 창업한 이후 대한민국을 대표하는 IT 기업인 것은 아무도 부인할 수 없는 일이다. 모르는 게 있으면 한때 네이버에 물어보라는 말이 생길 정도로 다년간 국내 검색 시장을 지배해 오고 있었다. 그러나 이제는 유튜브에 검색 시장을 내어 줄지도 모르는 상황이 벌어지고 있다. 그래서 지금 네이버가 검색 시장의 자리에서 쇼핑 시장의 자리로 빠르게 변화를 도모하고 있다는 것이 정설처럼 받아들여지고 있다.

지금 스마트 스토어에 진입해야 하는 이유
2014년 스토어 팜으로 이름이 변경되었을 당시만 하여도 우리는 네이버 쇼핑에 대하여 큰 변화와 관심을 갖지 않았다.

그러나 2018년 스마트 스토어로 바뀐 이후 온라인 쇼핑환경을 판매자와 구매자 모두 편리하게 사용할 수 있도록 온라인 환경의 시스템을 제공하고 있다는 점에서 처음 온라인 판매를 하고자 하는 분들이 있다면 스마트 스토어를 기반으로 온라인 판매 시스템을 경험해보는 것은 추천하다.

왜 지금인가?

5G 시대로 업그레이드되는 시대

지금 온라인 시장에 진입하여 기본적인 상황을 구축해놓지 않는다면, 순간순간 변화하는 5G 시대가 머지않아 올 것이며 그때가 돼서야 온라인 시장에 진입하여 변화된 시장에 적응하고 따라간다는 것은 결코 만만찮은 일이라고 생각하지 않는다.

그래서 올해를 이야기하는 것이다. 지금이 온라인 쇼핑 시장에 진입하기에 최적기가 아닌가 하는 생각을 한다.

올해 진입해 놓고 기본을 다진다면 향후 좋은 수익원이 되어 돌아올 수 있다고 생각한다.

우리는 이제 TV를 보는 시간보다 손안에 들고 다니는 스마트폰의 온라인 세상에서 더 많은 시간을 보내고 있다. 단적인 예로 보아도 이전에 고사양의 컴퓨터가 있어야 하던 게임을 스마트폰에서도 언제든지 실행하고 즐기는 시대가 되었다.

지금 우리는 어느 때보다 더 많은 콘텐츠를 생산하고 소비하고 있다. 1인 미디어 시장은 5년 전만 해도 작은 시장에 불과했고 누구도 이렇게 큰 시장으로 발전하리라 예상한 사람이 없을 정도로 작게 시작하였다. 그러나 개인적인 성향과 다양한 콘텐츠의 생산이 또 다른 소비를 부르고 이것이 가속화되어 급속도로 발전하였다.

이러한 가속화는 온라인 시장에도 적용된다고 본다. 그리고 현실적으로 적용되고 있다.

스마트폰에서 자신이 필요한 물건을 찾고 온라인으로 회원가입하는 절차도 점점 더 간편해 지고 있으며 이전에 가입해 놓은 데이터를 기반으로 클릭만으로 다른 정보를 입력하지 않아도 너무도 쉽게 가입되고 그 개인 정보 또한 다른 소셜 미디어 또는 쇼핑몰과 연동되고 공유된다.

편리함을 주는 동시에 아주 중요한 개인 정보가 너무도 쉽게 공유되고 있다. 이제 소비자는 자신의 습관을 파악하고 노출 시키는 온라인 세상에서 자신이 좋아하는 콘텐츠만을 보면서 살고 있다. 이러한 만족은 누가 제지하거나 강제로 행동의 제약을 가하지 않는 한, 계속될 것이라고 예상된다.

우리는 이러한 행동 패턴을 주시해야 한다. 이러한 패턴이 더 확고해져 진입하기 어려운 시장이 되기 전에 온라인 시장에 진입하여 나만의 시장을 만들어야 한다고 필자는 생각한다.

지금의 시기는 온라인 시장의 과도기일지도 모른다. 아마 택배 물류 시스템이 이렇게 정교하고 빠르게 확장되지 않았다면 온라인 시장도 이렇게 빠르게 발전하지 못하였을지도 모른다.

지금이 온라인 시장의 진입하기 최적기라고 생각한다. 온라인 시장의 물류 시스템과 5G 등 온라인 통신의 기술 발전, 스마트폰과 같은 하드웨어의 급속한 발전이 있었기 때문에 좀 더 빠르게 진행되었다고 본다.

이러한 발전 시장이 안정화되기 전에 우리도 빨리 온라인 시장에 진입하여 나만의 브랜드와 상품을 만들어 확고한 온라인 빌딩의 주인이 되었으면 좋겠다.

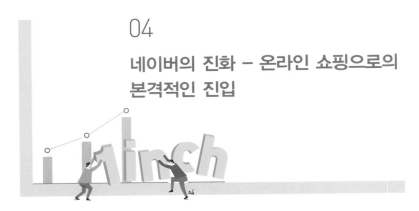

04
네이버의 진화 – 온라인 쇼핑으로의 본격적인 진입

아직도 네이버를 우리나라에서는 가장 많이 이용하고 있다. 물론 작년보다 소폭 감소했다고는 하지만 당분간 상위를 유지할 것으로 판단된다.

그런데 주목할 만한 점은 검색엔진으로서의 네이버가 아니다. 이젠 쇼핑 영역으로 본격적으로 진입하여 그 영역을 점점 넓혀 나가고 있으며 직관적으로 상품을 올리고 판매할 수 있는 온라인상의 장치들을 자연스럽게 구현해 놓아 소비자나 판매자들이 쉽게 사용할 수 있는 환경을 아주 잘 만들어 놓았다.

그리고 기존에는 오픈마켓의 판매 수수료를 고려할 때 네이버는 판매 수수료를 대폭 하향 조정한 것뿐만 아니라 결제일 또한 기존 오픈마켓과는 비교도 할 수 없을 정도로 단축해 놓았다. 이러한 현상은 소규모 자영업자들과 1인 창업자들의 자금 흐름을 좋게 하여 흡수하였고 이들의 고충(역시 장사는 자금흐름이 빠른 것이 우선이다.)을 잘 이해했을 뿐만 아니라 바로 적용하고 실행하였다는 것을 높게 평가해야 한다.

이는 기존 오픈마켓을 이용하던 판매자들에게도 적지 않은 이동을 유도하였고 이러한 전략이 언제까지 계속될지는 아무도 모른다. 그래서 지금 올해를 이야기하는 것이다.

그래서 지금이 네이버 쇼핑 – 스마트 스토어에 들어가는 최적의 시간이라고 할 수 있다. 앞으로는 더 많은 판매자들이 들어 올 것이며 이들은 어떻게든 상위에 위치하기 위해 더 치열하게 경쟁할 것은 분명하다. 그렇게 된다면 진입장벽이 더 높아질 것이고 이 또한 시간 문제라는 것은 불 보듯 뻔한 일이다.

지금 온라인 시장에 진입하지 못한다면 정말 내년은 없다는 심정으로 빨리 온라인 시장에 들어와 이러한 환경에 적응하고 살아남아야 한다.

네이버 회사 소개로 알아보기

    네이버 회사소개 항목에 들어가 보면 지금 네이버가 가고자 하는 길을 잘 알려 줄뿐만 아니라 1인 온라인 창업을 희망하는 분들에게 앞으로 나아갈 방향을 제시해주고 있다.

    "기술로 다양성을 꽃피우는 플랫폼"이라는 메인 문구같이 개인이 다양한 가능성을 가지고 성공이라는 꽃을 피울 수 익도록 서포트하는 서비스 및 기술 플랫폼으로 성장해 나갈 것을 공표하고 있다.

네이버 국내 최대 검색 포털 서비스?

    네이버 매일 3천만 명에 이르는 다양한 사용자를 연결하고 새로운 시장을 만들어 가는 플랫폼이 되었다. 이제 검색엔진뿐만 아니라 다양한 상품을 판매하는 플랫폼으로도 발전해 나가고 있다고 생각된

네이버 쇼핑은 온라인 상권 1위의 굳건한 쇼핑포털로서 네이버 쇼핑과의 만남은 광고주님의 매출과 방문자를 상승시키는 원동력이 됩니다.

⟨출처 : 네이버 스토어팜⟩

다. 이러한 막대한 사용자의 데이터를 기반으로 상품 검색, 카테고리 분류뿐만 아니라 가격 비교, 쇼핑 콘텐츠의 생산에도 한몫하고 있다고 필자는 생각한다.

　연평균 성장률 44% 이상 성장하는 네이버 쇼핑 ? 이제는 우리도 같이해야 한다고 생각된다.

연평균 성장률 44% 이상 성장하는 쇼핑몰 네이버

네이버 소개

네이버는 미래 기술을 누구나 손쉽게 사용할 수 있도록 기술플랫폼으로서의 변화를 추구하며,
수많은 개인과 다양한 파트너들이 성공이라는 꽃을 피울 수 있도록 경쟁력을 키우며 다가올 미래를 준비하겠습니다.

⟨출처 : 네이버 홈 화면⟩

검색엔진에서 쇼핑의 성장은 연평균 44%에 달하며 거래액은 66% 성장을 찍고 있다. 이러한 시점에서 네이버 쇼핑/온라인 쇼핑에 지금 진입하지 못한다면 점점 더 진입하기 힘든 상황이 온다는 것은 당연한 일이다.

이러한 성장세에 우리가 할 수 있는 온라인 분야를 찾아서 자리 잡고 성장하고 발전시켜야 한다. 이와 같은 온라인 성장세는 당분간 계속될 것이라고 많은 전문가들이 이야기하고 있다.

또한 네이버가 온라인 판매를 위한 교육, 그에 상응하는 판매 플랫폼까지 완벽하게 지원하고 있다. 지금 처음 시작하시는 판매자분들이라면 이러한 점을 적극적으로 이용해야 한다고 생각한다.

네이버에서는 다음 3가지를 홍보하고 있다.
1) 적극적인 홍보 방법의 소개

네이버 쇼핑은 일반적인 광고와 다르다고 주장한다. 상품을 구매하고자 하는 소비자에게 직접 광고를 연결해주기 때문에 광고 효과를 직접적으로 느낄 수 있다는 문구로 자신들의 홍보 방법을 설명하고 있다.

이러한 점을 우리는 어떻게 현명하게 이용할지 고민해 봐야 할 것이다.

2) 지속적인 상품 노출로 매출 증대 효과

3) 타사에 비교하여 높은 수익률을 보장하는 광고비

네이버 쇼핑이란?

▣ 네이버 쇼핑이란?

네이버 쇼핑은 네이버 이용자와 네이버 쇼핑에 입점한 쇼핑몰 및 스마트스토어 간의 편리한 연결을 위해 상품 검색, 카테고리 분류, 가격비교, 쇼핑 컨텐츠 등을 제공하는 쇼핑포털 서비스 입니다.
매일 네이버를 찾는 2,700만 이상의 이용자를 광고주님 쇼핑몰의 잠재 구매 고객으로 만들어 보세요.

▣ 네이버 쇼핑은 이런 분들에게 좋습니다.

❶ 좋은 홍보방법이 없을까?

쇼핑몰, 스마트스토어 운영을 시작하였으나, 어떻게 광고를 해야 효과적인지...

네이버 쇼핑은 일반적인 광고가 아닙니다. 상품을 구매하고자하는 소비자에게 광고주님의 상품을 직접 연결시켜주기 때문에 광고효과를 직접적으로 느낄실 수 있는 서비스입니다.

❷ 매출을 늘려야 할텐데...

항상 같은 수의 방문자, 이전 달과 비슷한 매출

지속적인 상품노출, 방문자 증가는 광고주님에게 매출증가라는 결과물을 가져다주며, 광고상품의 전략적인 활용을 통해 쇼핑몰, 스마트스토어의 비약적인 성장을 만들어 낼 수 있습니다.

❸ 온라인 광고비가 만만치 않은데...

쇼핑몰 광고를 해야 하는데, 너무 비싼건 아닌지...

네이버 쇼핑은 타사의 광고상품과 비교하였을때 투자대비 높은 수익률을 보장합니다. 지금 타사의 상품과 비교해보세요.

〈출처 : 네이버 스토어팜〉

변화하지 않으면 미래는 없다.

온라인으로 남들 모르게
월 수익 1000만 원
버는 사람들

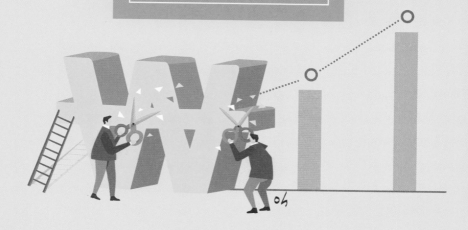

01
휴양지를 우리나라처럼 생각하며
일하는 한국인

마케팅을 하면서 알게 된 P씨. 우리가 잘 알고 있는 휴양지 하와이에서 저렴한 모자와 티셔츠를 팔고 있다. 매장을 화려하게 꾸민 것도 아니고 누구나 하와이 하면 떠오르는 꽃무늬 티셔츠를 온라인상에서도 오프라인 매장에서도 수익을 내고 있다.

이런 것들이 팔릴까 생각하지만 연 매출이 상상한 것 이상으로 상위에 있다고 들었다.

이것은 모자나 티셔츠를 파는 것이 아니다. 이러한 시스템 꽃무늬 티셔츠와 모자는 시스템의 일부분인 것이다.

엄청난 노동력이 들어가는 것이 아니고 매장을 관리하는 점장, 판매할 상품을 제공해 주는 공급처, 그리고 상품을 홍보 관리 할 수 있는 마케팅 노하우 등이다. p씨는 이러한 시스템이 잘 돌아가도록 전반적 관리만 하면 된다.

여기서 중요한 것은 시간적 공간적 자유를 통한 수익 낼 수 있는 자신만의 시스템을 만들었다는 것이 중요하다. 대부분의 사람들이 이렇게 생각한다. 자신이 아니면 안 된다고 내가 해야 확실하고 정확하다는 생각이 다른 것은 아니다. 그러나 업무라는 것을 좀 더 세분화하여 위임한다면 처음에는 그 수익이 적을지 몰라도 그 잉여시간에 다른 일들을 생각하고 자동화로 운영될 수 있도록 시스템을 보완하고 만들어 나가는 것이다.

그리고 향후 이러한 시스템을 복제하여 똑같이 만드는 것이다. 그리고 이러한 시스템의 복제는 수익의 증가를 가속화 할 것이고 이러한 시스템의 복제와 적절한 위임이 수익의 극대화를 가져다줄 것이다.

자동차용품 등을 판매하는 H사장님

자동차용품을 판매 그 시장의 규모가 얼마나 될지 생각하는 분들은 많지 않을 것이다. 그러나 내가 본 자동차용품을 온라인으로 판매하는 h사장님은 한국뿐만 아니라 중국에도 공장을 가지고 있으며 자신의 브랜드로 상당한 수익을 내고 있었다. 자동차 공기 청정기, 핸드폰 고리, 핸드폰 거치대를 비롯하여 자동차 내부에 사용되는 거의 모든 제품을 취급하고 있었다.

다른 제품과 다르게 자신만의 브랜드를 가지고 있으며 포장디자인이 상당히 고급스럽게 디자인되어 있으며 상품군 또한 이러한 자사 브랜딩 정책에 따라 일관성 있게 만들어져 있었다.

이러한 제품을 구성하는 데는 상당한 시간과 노력이 들어갔을 것이라고 생각한다.

그러나 온라인 시장의 확장성을 보고 이미 수년 전부터 오프라인 시장뿐만 아니라 온라인 시장도 같이 구축했다는 말들 들었을 때는 사업하시는 분들은 뭔가 달라도 다르다고 생각했다.

사업은 감각이라고 생각한다. 이러한 사업적 감각을 미리 준비하고 우리도 배우고 연습해야 한다.

직장 생활만 한 분들은 이러한 감각을 키우는 훈련도 따로 했으면 한다.

필자는 이러한 부분도 배우면 할 수 있다고 본다. 이야기가 다른 방향으로 나갔지만, 결론은 하나이다. 지금은 온라인 시장에 진입해야 한다는 것이다. 이렇게 오프라인에서 상당한 매출을 올리고 있는 분도 수년 전부터 온라인 시장에 진입하기 위해 노력했다는 이야기한다면 분명 온라인 시장의 가능성을 대신하여 이야기해주는 것이다.

이제 우리도 온라인 시장에 진입하여 보자.

무형의 상품으로 온라인 시장에서 수익을 내는 콘텐츠 회사

온라인 교육 콘텐츠를 제작하는 회사 - 온라인 강의 시장에 진입할 당시 아주 소규모로 시작한 회사이다. 그러나 학원 강의, 고등학생 강의, 대학 강의 등 온라인 강의의 수요가 많아지는 지금 상당한 규모로 발전하였다. 이러한 지식기반의 무형 서비스를 제공하고 수익을 얻는 온라인 비즈니스 모델 또한 좋은 수익구조를 가진 비즈니스라고 생각한다.

글쓰기, 디자인, 웹 개발, IT 개발 등 자신이 가지고 있는 유능한 기술을 가지고 이러한 콘텐츠가 필요한 분들에게 서비스를 제공하고 수익은 만들고 있는 분들이 상당히 많이 있다. 지금 프리랜서 마켓인 '크몽' 만 보더라도 누적 거래 수가 100만 건이 넘는다고 한다.

이러한 시장 또한 틈새시장은 분명히 존재한다. 자신의 좋아하는 분야를 만들고 이러한 시장에 진입한다면 처음에는 적은 수익이지만 자신만의 인사이트가 쌓이고 노하우가 축척 한다면 향후 수입 곡선은 급속도로 증가할 것이다.

제품 박스디자인만 전문으로 시작한 분도 처음에는 사무실에서 맡겨진 프로젝트를 진행하면서 자신하고 잘 맞고 이쪽으로 재능이 있다는 것을 알고 시장성 또한 있다고 판단되어 시작하였다고 들었다.

지금은 상당한 수익을 가져가고 있고 하는 일 또한 즐기고 있다고 한다. 이렇게 우연히 다가온 기회를 놓치지 않고 온라인 시장에서 자신의 수익으로 만들고 누구도 침범할 수 없는 영역으로 키워 간다면 또 하나의 좋은 수익모델이 아닐까 생각한다.

우리도 자신만의 수익 비즈니스 모델을 만들고 자신만의 수익을 온라인에서 만들어 보자

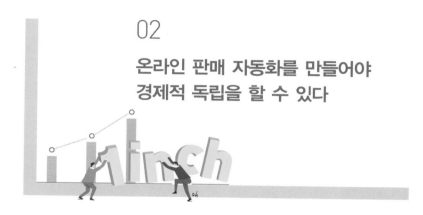

02
온라인 판매 자동화를 만들어야 경제적 독립을 할 수 있다

온라인 판매 자동화를 너무 어려운 개념으로 정리하지 않았으면 좋겠다. 지금 팔 수 있는 상품을 팔아서 남은 돈으로 광고를 하고, 다시 판매를 하고 상품을 추가하고 광고를 하고, 판매를 하는 단순한 과정을 반복하는 것만으로도 자동화를 만들 수 있다고 생각한다. 이러한 시스템을 실제로 거래업체에 적용시켜 일정 수익을 창출하였고 이를 바탕으로 온라인 사업을 확대하였고 지금도 조금씩 성장해 나가고 있다.

누군가 온라인상에서 이렇게 말했다. 상품을 만들고 견고한 사업체를 만들어 가는 과정은 모래성을 쌓아나가는 과정이라고 생각하고 만들어 가면 좋을 것이라고.

요즘은 공든 탑도 무너진다는 속담이 있을 만큼 이전과 다른 세상에 살고 있다고 그래서 어떤 일을 할 때 공들이는 것도 중요하지만 작게 시작해서 결과를 보고 이것이 잘 못 되었다면 다시 만들어 가고 또 다른 도전을 하고 이것을 수정해 가는 과장에서 노하우가 쌓이는 것이고 이런 한 반복들이 모여 견고한 사업체가 완성된다고 이야기하였다.

　참 공감 가는 이야기라서 소개해 보았다. 여기서 이야기하는 사업의 방식은 가져와서 온라인 상품을 만드는 것에 비유한다면 다음과 같을 것이다. 모래성은 금방 무너지지만, 또 쌓으면 된다고 온라인 시장에 진입하는 초보자에게는 이러한 방식이 가장 적합하지 않을까 하고 생각한다.

　모래성을 쌓듯이 지금 할 수 있는 작은 시도를 해보고 실패하면 거기서 나오는 피드백으로 다시 실수한 부분을 수정하여 다음 상품에 적용하는 방식을 계속해 나간다면 어느 순간 자신만의 데이터, 그리고 상품들이 생길 것이다.

　이 중에는 물론 이익을 가져다주는 상품도 있을 것이고, 구색을 갖추어 놓기 위해 올려놓은 상품도 있을 것이고, 아는 지인의 부탁으로 판매하는 상품도 생겨날 것이다.

이렇게 하다 보면 분명 자신만의 판매 방식이나 광고 방식이 생겨날 것이다. 이를 기반으로 자신만의 영역을 확대해 나간다면 분명 성공은 당신 앞에 와 있을 것이라고 장담한다.

오늘 필자가 이렇게 책을 쓰고 마케팅에 관하여 적은 지식이지만 같이 공유하고 이야기할 수 있었던 것도 이 때문이라고 생각한다.

아무것도 할 수 없었다고 생각하던 때에 내가 할 수 있는 작은 일부터 하나하나 해 나가 보니 인테리어 사업부에 없었던 온라인 판매 부서가 만들어졌고 협업하여 공동으로 판매할 수 있는 파트너들도 하나둘씩 생겨났다. 한 개의 상품에서 파생되는 10가지가 넘는 상품을 판매하고 이를 바탕으로 또 다른 상품을 기획하고 판매하는 단계까지 왔다.

이를 자동화 1인치 마케팅이라고 지칭하였다. 협업하는 공동 판매 마케팅 협력업체를 이루기 위한 기초를 만들었으며 이제 성장을 위해 노력하고 있다.

자동화란 이야기를 하면 거창한 시스템을 이야기하는 분들을 많이 보았다. 온라인 판매 모임에서 우연히 강의하면서 겪은 에피소드를 이야기하면 직장을 다니면서 투잡으로 온라인 판매에 진입한 지 얼마 되지 않은 분의 이야기이다.

소프트웨어를 개발하며 자체 상품을 개발 판매하는 회사라고 소개하며 거창한 시스템을 이야기하였다. 그리고 소프트웨어를 개발하고 여기에 또 다른 시스템을 만들어야 한다고 했다.

우리는 이런 한 복잡한 구조의 비즈니스 모델링을 만들고자 하는 것이 아니다. 단순하게 가장 명료하게 자신이 찾은 좋은 제품을 마케팅을 통하여 고객에게 알리고 상품을 팔고 이익을 만드는 것이다.

이러한 상품을 여러 개 만든다면 조금씩 플러스 흐름으로 수익구조로 만들어질 것이다. 이 중에서 가장 두각을 나타내는 것들을 추려 광고를 하고 판매할 수 있는 마케팅 전략을 만들어 간다면 분명 좋은 수익구조가 만들어질 것이다.

기존의 수익구조에서 플러스 흐름으로 수익 구조가 바뀌는 것이다.

이러한 방법을 사람마다 똑같은 방식으로 만들어지지 않는다. 예를 들어 어떤 분은 블로그를 잘 운영하고 어떤 분은 인스타그램을 잘 운영한다. 이처럼 자신에게 맞는 영역이 다르기 때문에 자신에게 맞는 영역을 찾아서 수익구조를 만들고 이것을 플러스 흐름으로 만들어 가면 된다고 생각한다.

03
수익 10배 올리는 비즈니스 모델

모든 수익이 자신에게 들어올 수 있는 수익구조를 모델링하는 것이다. 현장에서 필자가 가장 중요하게 강조하는 부분도 이 비즈니스 모델 만들기이다. 사업을 한다면 가장 우선시 돼야 한다. 탄탄한 모델링이 있어야 이것이 지표로 사업을 해 나갈 것이다. 이러한 비즈니스 모델링은 자신이 직접 만들어야 한다. 그리고 모든 답은 자신이 가지고 있을지 모른다.

그리고 이것을 팀원들과 공유하고 문제점을 수정해 나가는 과정을 거치고 사업을 운영하면서도 항상 같이 놓고 비교하며 자신이 만들 비즈니스 모델에 적합한가를 확인해 보는 습관을 지니는 것을 추천한다.

온라인 셀러들의 모임에서 이러한 비즈니스 모델링 수업을 진행한 적이 있다. 사업을 오래 하신 분들이나 새롭게 시작하신 분들도 개념을 알고 있지만 이러한 모델링을 직접 만들어 분들은 의외로 많지 않았다.

지표를 가지고 사업을 하는 것이 자동화를 만드는 가장 중요한 요소이다. 이러한 모델링을 자신의 상황에 맞게 계속해서 조금씩 수정해 나가는 것이다. 이러한 수정 보안만이 좋은 결과를 낼 것이라고 확신한다.

여러분들도 이러한 비즈니스 모델링을 어떻게 자동화할지 고민하고 함께 만들어 나갔으면 좋겠다.

비즈니스 모델링 사례

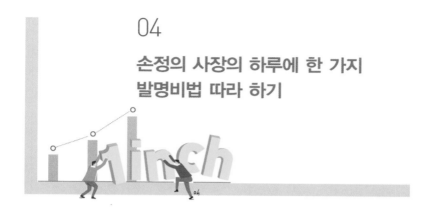

04
손정의 사장의 하루에 한 가지 발명비법 따라 하기

　손정의 사장의 강연을 온라인상에서 자주 들었다. 우리는 투자의 귀재 소프트 뱅크의 사장을 단지 돈 많은 한인 재벌쯤으로 알 테지만, 그는 대학에서 지독한 공붓벌레였으며 어떠한 일을 맡으면 목숨을 걸고 일했다는 일화를 알고 있는 분들은 많지 않을 것이다.

　일본 통신 혁명의 선두에 서서 일할 때 정말 죽을힘을 다해 일했다고 한다. 또 당신이 공부한 물리적 양을 아직도 따라올 사람이 없을 것이라고 당당하게 이야기하는 모습은 참으로 감동적이다.

　그래서 우리도 손정의 사장의 일화의 하나인 하루에 하나씩 발명하기를 다른 방법으로 따라 해보자고 제안한다. 온라인상에서 하루에 하나씩 글을 쓴다든지 아니면 상품을 찾아 일주일에 하나씩 올려본다든지 어떤 것을 정해도 좋을 듯싶다.

이러한 단순하고 반복적인 일들을 꾸준히 할 때 우리는 기적을 만들어 내는 것이다. 이러한 평범함이 나중에 쌓이고 쌓여서 비범함이 되는 것이다.

필자가 마케팅을 처음 배울 때도 인테리어를 처음 배울 때도 마찬가지로 가장 기본이 되는 것을 반복해서 해왔던 것으로 기억된다. 똑같은 결과를 만들기 위해서는 같은 작업을 반복하여 연습하는 수밖에 없다. 지금 와서 돌이켜 보면 그때 그러한 반복 연습이 지금의 현재를 있게 한 것이라고 생각한다.

여기서 우리가 하고자 하는 방향을 만들고 또 그 방향이 자명하다고 판단된다면 매일 조금씩 해 나가는 것이다.

머리로 계산하고 계획하고 하는 시간도 중요하지만 지금 당장 하나라도 실행하는 것이 중요하다.

Just do it – 우선 실행해보고 좋은 결과가 나오면 그 일을 계속해 나가면 되는 것이고 설령 잘못된 결과가 나왔더라도 빠르게 수정하여 다시 시작해 보는 것이다.

오늘 우리도 온라인 셀러가 되기 위해 하루에 하나씩 자신만의 온라인 공간에서 무언가를 만들어 보자. 어떤 이는 인스타 또 다른 사람은 블로그를 자신에게 맞는 SNS 플랫폼을 이용하여 하나씩 만들어 나가다 보면 분명 좋은 성과로 돌아올 것이다.

05
성공하는 사람들의 공통점

성공에 관한 동기 부여 영상에서 항상 하는 이야기이다. 비전을 가져라.

필자는 아널드 슈워제네거의 동기 부여 영상을 권해 주고 싶다.

첫째 : 비전을 가져라.

"성공의 비결이 무언가"라는 질문에 답한 대답이다. 비전을 가져라. 명확한 자신만의 비전을 가지라는 것이다. 최고의 유람선에 비유하며 선장이 어디로 가야 할지 모른다면 배는 바다 위를 표류할 것이다. 당신이 비전을 가지고 있지 않다면 그저 목적 없이 떠다니고 말 것이라고 충고하고 있다.

둘째 : 크게 생각해라.

절대로 작게 생각하지 말라. 실패가 두려운 것은 목표를 높게 세우면 실패할 확률이 높다는 것을 알기 때문에 우리는 작게 생각하고 목표도 작게 가진다는 것이다. 그리고 중요한 것은 정말 열심히 하라고 강조한다. 어떤 분야건 상관없이 고통 없이는 아무것도 얻을 수 없다고 명확하게 이야기한다.

주머니에 손을 넣은 채로 성공의 사다리로 오를 수 없다. 그래서 정말 열심히 해야 한다고 강조하고 강조한다.

세째 : 반대하는 사람을 무시해라.

자신이 정한 목표를 향해 달려갈 때 항상 반대하는 이들이 있다. 지금 하는 일들이 얼마나 소중한지 알지 못하고 떠드는 이야기이다. 정말 성공하고 싶다면 이러한 이야기를 무시하고 열심히 비전을 가지고 나가야 한다.

그리고 성공은 간단하다. 열심히 비전을 가지고 앞으로 나가면 된다. 실패도 인생에 한 부분이니까 두려워 말고 열심히 정말 열심히 앞으로 나가라고 이야기하고 싶다.

우리는 이 부분에서 우리가 다루었던 비즈니스 모델링을 이야기 하지 않을 수 없다.

또 한 번 이야기 하지만 우리가 만들고 상상했던 일들을 글로 써도 좋고 그림을 그려도 좋다.

물리적으로 종이에 만들어 놓고 매일 생각하고 이러한 모델링을 어떻게 하면 만들어 갈지 고민만 하지 말고 직접 부딪쳐 보고 해결 할 방법을 찾아야 한다.

남들이 부러워하는 성공을 이야기하는 것이 아니다. 자신과 자신 에게 한 약속을 지켜냈을 때 주어지는 보상을 이야기하는 것이다.

작은 성공을 맛보고 또 다른 비전을 만들고 앞으로 한발 한발 나아 가는 것이다.

오늘 다시 자신만의 비즈니스 모델링을 만들고 실행하면서 자신 만의 멋진 미래를 만들어 나갔으면 한다.

06
온라인으로 남들 모르게
월 수익 1000만 원 버는 사람들

온라인 판매 생각지도 않았던 기회를 보다.

인천의 온라인 판매하는 공장의 기계를 오작동을 봐주러 갔던 것이 벌써 2년 전이다.

이 당시 필자는 인테리어 백화점 점포 입점 인테리어를 하던 중 갑자기 찾아온 과로로 인하여 2년간 일을 쉬면서 온라인 마케팅을 공부하며 인테리어 일에 접목시키면 좋을 것 같다고 생각하며 공부하고 있던 때였다.

정말 온라인 판매는 꿈도 꾸지 않고 있었던 차였지만 지인의 부탁으로 잠시 시간을 내어 인천의 자동차용품 공장에 방문하였다. 내가 본 것은 자동으로 만들어지는 기계 몇 대와 온라인으로 상담하는 직원, 그리고 생산하시는 분들. 그냥 지나칠 수 있었는데 뜻밖에 이야기를 전해 듣게 되었다.

1층, 2층 다른 곳이 또 다른 물류 창고까지 있다고 한다. 이렇게 남들이 보기엔 정말 어딘지 모를 정도의 인천 공장 단지 내에 사무실 직원과 생산직 직원을 합해도 얼마 되지 않는 곳에서 실로 놀라운 매출이 일어난다고 한다.

이 모든 것이 온라인으로만 판매가 이루어지고 있으며 이렇게 성장한 지도 불과 3년에서 4년밖에 되지 않는다고.

현장에서 자신의 노동력으로만 수입을 내던 나로서는 정말 이해가 가지 않는 것이었다.

여기 사장님도 처음에 작은 수입완구를 파는 일부터 시작해서 좋은 아이템을 만나 사업을 확장되고 안정화 되는데 얼마 걸리지 않았다고 이야기하였다. 나에게는 대단한 충격이었다.

이제까지 돈은 정말 일을 해서 벌어야 한다고 생각하였고, 이러한 생각에 사로잡혀 있던 필자는 언제나 매출의 한계라는 벽에 부티 치는 일들이 생겨났다.

그렇다고 여러 현장을 한 번에 진행할 수 있는 여건도 이었다. 한 사람이 처리할 수 있는 현장은 언제나 수적 한계가 있다.

물론 대기업이나 대형 업체인 경우에는 다른 이야기지만 우리같이 소규모 업체에서는 역시 매출의 한계의 벽이 존재하고 있었다.

그렇다고 남들보다 적게 일을 하거나 인테리어 일에 있어 뒤처진다거나 하지는 않았지만 일을 마치고 내일 일을 준비하는 일들은 그리 녹록하지 않았다.

일당으로 일하는 분들이나 목수 / 타일 / 기술자라고 하는 분들은 자신이 할 일만 하고 정해진 시간이 되면 집으로 갈 수 있지만, 현장을 맡은 나는 내일의 일을 준비하고 현장의 다른 부수적인 업무까지 처리하고 나면 저녁이 다되어 집으로 돌아간다.

정말 열심히 하루하루를 살아갔다. 그런데 어느 순간 한계에 부딪히는 나를 바라보게 되었다.

점점 건강도 조금씩 나빠지고 가족들과 보낼 시간도 낼 수 없어졌다.

우리와 일하는 패턴이 다른 온라인 업체에서는 주문이 더 들어온다고 해도 그렇게 힘들이지 않고 일을 처리하는 모습을 보게 되었다.

그래서 지인에게 부탁하여 관련된 사항을 좀 더 알아보고 온라인으로 할 수 있는 일들 그리고 지금까지 내가 배운 온라인 마케팅을 접목하여 좋은 결과를 얻을 방법을 연구해 보기로 했다.

때마침 나에게 이것을 시험할 기회가 왔다.

그래서 만들어 낸 것이 모바일 수익자동화 마케팅이다.

실제 이것을 바탕으로 작업하여 월 1000만 원의 수익을 만들어 주었고 아직도 수익을 내고 있다.

그렇게 만들어진 데이터를 기반으로 우리 오프라인 매장에도 똑같은 시스템을 적용시키고 온라인 부서를 따로 만들어 운영하면서 협업 시스템을 만들어 가고 있다.

이러한 예는 전체에 한 부분에 속한다고 이야기할 수 있다.

우리가 최종적으로 만들고 싶은 것은 이러한 시스템을 같이 공유하고 더 좋은 정보를 나누고 발전시켜 판매 자동화로 발전시키고 처음 창업하는 분들이 겪는 고통을 줄이고 제품 브랜딩에서 마케팅과 판매까지 한 번에 해볼 수 있는 시스템을 공급하는 것이다.

이렇게 한다면 좀 더 좋은 방법으로 판매할 방법을 만들어 나갈 수 있을 것이며 좋은 포지션에서 판매할 수 있다.

이처럼 좋은 위치를 차지하고 있어야 좋은 판매 또는 결과를 만들어 낼 수 있다.

지금은 포지션이 중요한 시대라고 말할 수 있다.

판매 자동화를 통해 얻은 결론 – 생각의 전환이 중요한 시대 우리가 원하는 것은 월 수익 1000만 원 정도일지도 모른다. 이것을 이야기하면 누군가는 이렇게 이야기할 것이다. 그런 일들은 특별한 사람이나 하는 것이라고 나도 그렇게 생각했다. 아니면 밤낮으로 나의 노동력을 동원하여 일을 하면 가능할 수도 있다. 그러나 노동력으로 버는 것은 어떠한 대가를 지불해야 한다. 잠자는 시간을 줄이거나 아니면 고도의 기술을 익혀 남들과 다른 차별성을 가지거나.

어쨌든 내가 노동을 들이고 시간을 들여야 한다. 그리고 여가나 휴일은 생각하지도 못한다.

예로 조그만 식당을 하더라도 그렇다. 우리 매장 근처에는 조그만 국밥집이 있다. 35년 되었다는데 온 식구가 매달려 일을 한다. 물론 수익은 있겠지만 내가 들은 이야기론 한 번도 쉰 적이 없다고 한다. 젊은 아들은 아버지의 일을 도우러 나왔지만, 그냥 일만 할 뿐이다. 어떠한 즐거움이나 낙이 있어 보이지 않는다.

아버지 어머님의 하루 20시간 이상을 주방에서 보낸다.

난 35년을 일했는데 여가 시간이 없고 지금도 주방에서 일해야 하는 삶은 내가 생각한 삶이 아니라고 생각했다.

그렇다고 그분들의 노동 가치를 폄하하는 것이 아니다. 나도 한때 죽어라 일을 했다. 일요일도 없고 정말 실패를 만회해 보려고 밤낮으로 일을 했다. 그런데 한순간 건강이 망가져 수술실로 들어가야 할 때 생각한 것은 아프면 아무것도 없구나. 한순간에 모든 것이 없어질 수 있구나 하는 생각이었다.

처음에는 왜 나한테 이런 일이 일어나지 생각했지만, 지금에 와서는 고맙다고 생각된다. 그렇게 피우던 담배도 술도 이제 하지 않은 지 3년째이다.

그리고 건강에 관하여 챙기고 일의 효율성 그리고 일본 유학 이후 놓았던 공부도 다시 시작하였다.

그중 하나가 온라인 마케팅이다. 장사를 하건 아니면 작은 점포를 하건 온라인에 나의 매장을 만들어 놓지 못한다면 정말 내년에는 힘들겠구나 하는 생각이 들었다.

급변하는 시장 그리고 이렇게 적은 비용으로 사업을 테스트해볼 수 있는 곳은 온라인이라는 생각에는 변함이 없다. 실전으로 경험해 보지 않았다면 이러한 이야기를 할 수 없을 것이다.

그리고 건강했더라면 인테리어 일을 더 많이 잡고 지금도 일에 치여 어느 현장에서 자재를 뽑고 내일 일을 준비하면서 남은 폐기물을 트럭에 싣고 한강 북로를 달리고 있을지도 모른다.

01
페이스북은 광고 만드는 공장이다

페이스북을 사용하면서 일상의 글을 올리고 단순히 인스타나 블로그 정도로 생각했다면 이제부터는 온라인 사업을 하면서 페이스북 광고의 중요한 파트너로 생각하고 이를 파악하고 활용해야 한다고 생각된다.

대표적으로 페이스북 광고는 3가지 정도로 나눌 수 있다. 브랜드 인지도를 높이기 위한 광고, 두 번째는 쇼핑몰 방문 유입을 늘리기 위한 참여형 광고와 방문자의 온라인 구매, 상담 신청, 회원가입 문의들을 늘리기 위한 전환 광고로 나눌 수 있다.

초보자들이 페이스북에서 접근하기 쉬운 광고 형태는 '게시물 홍보하기'이다.

그리고 게시물 홍보하기를 이용한 광고와 트래픽 광고의 차이점을 잘 인식하고 생각해 볼 필요가 있다. 이제부터 게시물 홍보하기를 이용한 광고와 트래픽 광고의 차이점을 알아봐야 할 것이다.

간단하게 설명한다면 게시물 홍보하기로 광고를 실행한다면 페이스북을 사용하는 구매자 성향에 맞게 페이스북에서 링크 클릭을 유도할 수 있고 참여형으로 진행할 수도 있다는 것을 파악하고 광고를 진행해야 한다.

그럼 여기서 광고 만들기 직접 실행하고 함께 해 나가 보면서 실제 자신의 제품을 광고하고 실행해보는 연습을 해보면 실제 진행한 보았으면 한다.

온라인 쇼핑몰을 운영하기 전 페이스북 마케팅을 준비하기 위해 준비해야 할 페이스북 준비사항

- 페이스북 개인계정
- 페이스북 페이지
- 페이스북 광고 비즈니스 계정
- 인스타그램 비즈니스 계정

등은 기본적으로 세팅하고 준비해야 한다.

페이스북 개인계정 만들기

페이스북 운영은 실명으로 만들어 진행해야 나중에 계정을 이용

하여 광고를 만들거나 홍보를 할 때 비활성 되는 문제들을 최소화할
수 있을 것이다.

페이스북 계정 비활성에 관해서는 많은 이야기가 있지만, 안정적
으로 운영하는 방법은 위에서 이야기한 것처럼 1인 1계정으로 운영
하는 것이다.

우선 개인계정을 만들기를 연습해 보기로 한다.

개인계정 만들기는 실명으로 진행하고 신분증 등 자신을 증명할
사진을 올리고 이미지 파일은 따로 보관하고 있어야 한다. 나중에
실명 확인이나 자신의 사진을 첨부할 때 편리하게 사용할 수있다.

페이스북 광고 비즈니스 관리자 만들기 및 페이지 만들기

스마트 스토어를 이용하여 상품을 올리고 판매하기 전 미리 개인
계정 및 광고를 하기 위한 준비 작업을 해야 한다. 비즈니스 계정을
만들고 상품에 맞는 페이지를 만들어야 한다.

페이스북은 개인계정으로 광고할 수 있지만, 개인계정으로 만든
것을 광고나 다른 사람이 이용하게 하는 것은 권하고 있는 상황이
아니기 때문에 비즈니스 계정을 만들고 이를 관리하는 것이 향후에
더 좋을 것이다.

페이스북은 개인계정을 가지고 여러 사람이 공유해서 사용하는

것을 금지하고 있으며 이를 잘 못 사용하면 잘 사용하고 있던 자신의 계정 또한 사용하지 못하게 되는 경우가 생긴다.

비즈니스 계정은 향후 좀 더 자세히 세팅하는 것으로 하고 지금은 페이지를 만들어 광고를 만들 준비를 하는 것을 우선으로 하는 것이 좋을 것 같다.

페이스북 페이지 만들기

온라인 쇼핑을 시작하는 분들은 상품에 맞는 페이스북 페이지가 있어야 한다. 상품에 대한 설명 또는 홍보 영상, 이미지를 저장해도 되는 장소라고 하면 쉽게 이해될 것이다.

페이지를 가지고 있어야 여기에 해당 제품에 대한 정보 및 이미지를 만들어 보관하고 이를 알려 소비자가 구매를 하기 위한 정보를 얻을 수 있다.

여기서 페이지의 중요성을 한 번 짚고 넘어갔으면 한다. 지금 소규모로 시작하는 온라인 사업자가 자신의 홍보 채널을 가지고 있지 않다면 페이스북 페이지를 우선 만드는 것을 추천한다.

페이스북에 가입한 사람들이 정보를 검색하거나 다른 그룹의 사람들이 자신의 페이지에 올라와 있는 정보들은 검색 공유할 수 있게 되어있다.

이미 전 세계 20억 명의 사람들이 가입하고 있으며 매일 10억 명 이상이 들어와서 교류하고 있는 공간이라면 좁게 보아서 우리나라 사용자만 하더라도 월간 1,800만에서 2,000만 명 이상이 페이스북을 사용하고 있다면 적어도 지금 자신의 상품을 홍보할 수 있는 기본적인 페이지 하나는 있어야 한다고 생각된다.

그리고 좀 더 나아가 페이스북 페이지를 이용하여 광고를 세팅하고 이를 홍보의 목적으로 사용하려고 한다면 꼭 만들어 활용하였으면 한다.

페이스북 페이지 만들기

페이스북 페이지 만들기는 간단하다. 그러나 거기에 더해지는 콘텐츠를 어떻게 만들고 구성하는가 하는 것은 나중에 구매 전환율을 높이는 중요한 역할을 할 것이다.

다음 그림과 같이 페이스북 페이지를 만드는 것은 순서에 따라 진행하면 누구나 어려움 없이 만들 수 있다. 그러나 이것을 어떻게 홍보하고 좋은 콘텐츠를 계속해서 만들어 간다는 것이 쉽지 않다고 생각된다.

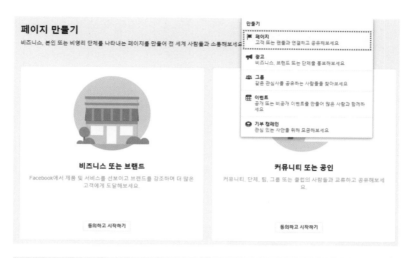

인터넷상에서 이렇게 페이스북 페이지를 만드는 방법 등을 소개
하는 것은 많이 봐왔다. 그러나 여기에 덧붙여 콘텐츠를 어떻게 생

산하고 만들어 나갈지는 좀 더 연구하고 같이 고민해보아야 할 문제인 것 같다.

우선 페이지를 만들고 홍보하기 위한 단계의 과정을 충실히 해나가 보자!!

페이지 이름 정하기와 카테고리 정하기

해당 페이지의 이름을 선정하고 만들었다면 프로필 사진 및 커버 사진을 준비하여 업로드하면 기본적인 페이지 만들기를 완성할 수 있다.

누구나 쉽게 10분 정도 투자한다면 자신의 홍보 페이지를 만들 수 있을 것이다. 이것이 상품을 판매하기 위한 가장 기초적인 준비라고 할 수 있다.

[참고할 사항]

• 구매 전환이란 : 구매 전환율이란

온라인 매출 공식이고 공식 또한 간단하다. 스마트 스토어 및 자사 쇼핑몰에 고객들을 유입시키고 유입된 고객들 100명 중 1명이 구매하는 것을 수치로 나타낸 것이다.

온라인 판매에서 구매 전환 / 구매 전환율 등은 자주 쓰이는 단어로 간단하게 정리하고 있어야 한다.

• 구매 전환율 = (구매 전환 수÷클릭 수) X 100

tip 페이스북 계정 문제 알아보기

페이스북 마케팅을 기본으로 운영한다면 페이스북 계정 관리 문제를 논하지 않을 수 없다.

페이스북 계정 안정화라고 하면 이해하지 못하는 분들이 많이 있을 것이다. 물론 페이스북을 마케팅으로 활용하지 않고 단순히 일상의 기록을 하는 데 사용한다면 문제 될 것이 없을 것이다.

그러나 페이스 광고를 통하여 채널을 알리고 상품을 홍보한다면 한 번쯤 생각해보아야 할 문제인 것은 확실하다.

개인계정을 만들었다면 자신의 계정을 안정적으로 운영해야 할 것이다. 다른 파트에서 공유하겠지만 우선 한 IP에서 사용하는 것을 권장한다. 무료로 와이파이를 사용해도 되지만 업무상 사용한다면 핸드폰 핫스팟을 이용하여 자신만 사용하여 관리하는 것을 권장한다. 이렇게 관리하는 것도 계정 안정화의 하나의 방법이다.

또한 페이스북 계정 문제는 정답은 없다는 것이다. 올바른 방법과 적절한 콘텐츠를 사용하는 정도만이 가장 안전하게 자신의 계정은 운영하는 방법 중 하나다.

개인계정을 만든 후 광고를 관리한다면 비즈니스 계정을 만들어 관리하는 것을 추천한다.

페이스북 광고 시스템은 광고주를 위한 공간이다. 페이스북은 개인계정과 비즈니스 계정으로 나누어진다.

마케팅을 진행하는 계정이라면 비즈니스 계정을 생성하고 페이지를 만들어 광고 관리를 하는 것이 좀 더 안전하게 사용할 수 있다고 생각된다.

페이스북 페이지도 하나의 자산이다. 시간과 자본 그리고 공을 들여 만들어 놓은 페이지를 안전하게 사용하는 것도 자본을 아끼는 것 중의 하나이다.

운영하던 페이지가 비활성화된다면 진행하던 광고 데이터도 한순간에 사라지고 만다. 이러한 점을 인식하고 페이스북 마케팅을 운영할 때에는 계정 안정화에 최선을 다했으면 한다.

tip 페이지 만들기

비즈니스 계정에서 페이지를 만드는 시기를 두고 하는 이야기들이 있다. 보편적으로 많이 사용하는 방법이 시간을 두고 만드는 것이다.

페이스북은 하나의 계정을 원칙으로 한다. 페이스북 입장에서 생각해 보면 페이지를 다량으로 단시간에 만든다는 것은 올바른 기업 활동을 한다고 판단하지 않을 수 있을 것이다.

그래서 단시간에 많은 페이지를 만드는 분의 계정은 쉽게 비활성화된다는 설이 있다. 이러한 점도 감안하여 페이지를 생성할 때는 일정한 시간을 두고 생성하여 사용하는 것도 한 가지 팁이 될 수 있을 것이다.

페이스북 개인계정 안정화 방법

1) 메일 주소를 동일하게 사용하라

페이스북은 1인 1계정을 원칙으로 사용하고 있다. 자신이 처음 핸드폰에 가입한 구글 메일을 핸드폰, 개인계정을 생성할 때도 같은 메일 주소를 활용하는 것이다.

2) 동일한 핸드폰으로 인증하라

업무상 사용하는 마케팅과 같이 사용한다면 하나의 핸드폰과 노트북을 연결하여 동일한 조건에서만 사용하는 것을 권장한다. 이러한 세심한 주의를 하지 않고 무심코 사용하여 계정 비활성화는 분명 한 번쯤 찾아올 것이다.

그래서 업무용 핸드폰을 따로 만들어 사용하는 것도 하나의 방법이다.

3) 크롬 브라우저와 노트북 핸드폰을 한 세트로 만들고 마케팅 활용에만 사용하라.

페이스북이든 네이버 블로그를 사용하든 마케팅을 이용하는 노트북은 한 대만 사용하라고 권하고 싶다. 이것은 자신인 개인적으로 사용하는 노트북과 페이스북 마케팅 블로그 또는 광고 진행하는 노트북을 별도로 마련하여 사용하라는 것이다.

위의 내용만 알고 실제 사용하는 것은 분리해서 사용하는 분들이 있다. 그래서 한 번 더 말씀드리는 것이다.

마케팅용 노트북은 별도관리하자 이것은 브라우저 – 노트북 or PC – 핸드폰이 한 세트로 만들고 동일한 이메일 그리고 핸드폰 번호도 동일하게 관리하는 것이다.

이와 같은 노력이 있을 때 비로소 페이스북 개인계정의 안정화를 가져올 수 있을 것이다.

핸드폰에서 페이스북, 페이스북 광고 관리자, 페이지 관리자가 설치된 모습이다.

이렇게 설치가 완료되면 페이스북을 스마트폰에서 사용할 준비가 된 것이라고 볼 수 있다.

이제 우리는 만들어 놓은 페이지에서 광고를 진행하고 스마트폰에서 관리하는 과정을 알아보려고 한다.

페이스북을 핸드폰에서 관리한다면 상당히 편리한 점이 많이 있다. 이동하며 특히 이동이 많은 분이라면 어디서나 편리하게 핸드폰으로 모든 것을 관리할 수 있다. 지방에 출장을 간다거나 하는 일이 있어도 간단한 업무는 핸드폰에서도 처리할 수 있다.

그리고 특히 페이스북 광고 같은 경우에는 PC에서 세팅해 놓는 결과를 가지고 핸드폰에 광고 진행 여부를 세팅할 수 있다. 더욱 편리하게 사용할 수 있을 것이다.

02

클릭을 유도하는 광고 이미지 만들기

페이스북 광고 관리자에서 아이디어 메뉴 활용하기

광고 관리자로 들어가면 현재까지 만들어 두었던 광고들을 한 번에 관리할 수 있는 창이 보인다. 그중에서 아이디어 메뉴로 들어가면 다음과 같은 기능을 활용할 수 있다.

새로운 기능! 크리에이티브 도구 활용하기

광고를 빠르고 직관적으로 만들 수 있는 템플릿을 제공하고 있다. 자신의 제품에 맞는 템플릿을 사용한다면 어려운 편집 기술이 없어도 광고를 쉽고 빠르게 만들 수 있다.

템플릿 꾸미기 사용 화면을 참고하면 좋을 것 같다.

페이스북에서 예전에는 광고 화면에 텍스트 비율을 높게 책정하여 광고 이미지를 만들면 광고 승인이 어려울 수 있다. 그러나 크리에이티브 도구에서 허용하는 템플릿을 이용한다면 이러한 점을 보완하여 광고를 생성할 수 있다.

또한 광고의 성과 분석과 광고를 수정하는 기능도 있어 사용자가 광고를 만들 때 편리하게 사용할 수 있다.

03

토요일도 쉬지 않는 페대리와 친해지기

이젠 토요일 웬만한 직장인들은 휴무라고 생각하고 있으며 금요일 그 주의 업무를 마무리하고 토요일이나 일요일은 휴식을 추하거나 자신의 발전을 위하여 활용하는 분들이 늘어나고 있다. 불과 5~6년 전만 하더라도 토요일 오전 근무가 있었지만, 이제는 토요일 휴무가 일상화되어 있다.

그러나 이제 자신이 1인 기업으로 아니면 투잡으로 온라인 판매에 들어선다면 입장이 달라질 것이다. 토요일에도 누군가 나와서 일해주었으면 하는 생각을 하게 된다. 그러나 이제 그렇게 일하는 사람을 찾기는 쉽지 않다.

그래서 더욱이 온라인 판매의 마케팅 부분 또는 소비자 상담을 자동화하면 좋지 않을까 하는 생각을 하게 될 것이다.

이 부분이 중요하다고 생각된다. 이전에는 기술적인 제약 때문에 업무 자동화를 한다는 것은 쉬운 일이 아니었다. 프로그램을 익힌 다든지 아니면 고가의 프로그램을 사서 홈페이지에 실행되도록 만들어야 했다. 그러나 지금 우리는 손안에 작은 컴퓨터를 가지고 다닌다. 그리고 많은 유료 또는 무료 프로그램 또는 앱이 시중이 나와 있다.

페이스북만 하더라도 내가 만들어 놓은 광고 콘텐츠를 PC에서뿐만 아니라 모바일 앱만 깔면 손안에서 광고를 진행하고 광고 단가를 조정하고 중단하는 일을 아주 쉽게 할 수 있다.

만약 일이 있어 지방을 내려간다고 하여도 아니면 잠깐의 휴가를 얻어 해외여행에 간다고 하여도 전혀 문제가 되지 않는다.

그리고 토요일이건 일요일이건 시간 세팅만 해두어도 새벽에도 낮에도 지치지 않고 광고는 돌아간다.

예를 들어 이러한 일들을 예전처럼 전단지를 돌린다고 생각해 보자. 우선 전단지를 만들어야 하고 유동인구가 많은 곳에서 자신이 직접 나누어 준다든지 아니면 전단지를 돌리는 아르바이트를 고용하여 시간과 돈을 또 들이고 나누어 주어야 한다.

그렇다고 지나가는 사람이 모두 받는다는 보장도 없다. 모두 무심히 자신의 일을 위해 전진할 뿐이다. 그리고 바닥에 버려진 전단지를 보면 이것도 해야 하나 하는 생각이 들 것이다.

전단지를 받았다고 한들 누가 얼마나 받았는지 하는 데이터는 전무하다.

그러나 페이스북 광고 시스템은 전혀 다르다. 어제 누구 가장 많이 보았는지 지역은 누구인지 연령대는 어떤지 상세히 기록하고 고맙게도 아침에 문자로 전날 진행된 광고 결과를 나에게 알려 온다.

이는 실로 놀라운 일이다. 우리는 이점을 주의 깊게 볼 필요가 있다.

어디에 어떻게 도달되었는지 확인 가능하여 나의 광고 콘텐츠가 어떤 것이 문제인지 바로 체크 할 수 있다.

이러한 광고 시스템을 익혀두면 구글 광고나 유튜브 광고 또한 비슷한 구조를 가지고 있어 쉽게 익힐 수 있을 것이다.

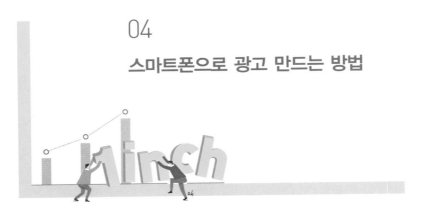

04
스마트폰으로 광고 만드는 방법

사무실이 없어도 어디서나 일할 수 있는 환경

요즘 책을 쓰는 일도 그렇지만 다른 업무를 보기 위해 카페를 찾는 경우가 많아졌다. 불과 몇 년 전과 다르게 노트북과 핸드폰으로 공부하거나 업무를 보는 사람들이 상당히 많아졌다는 것이다. 그리고 이러한 시대 흐름에 맞게 각 테이블에는 온라인 노트북 충전할 수 있는 곳이 곳곳에 마련되어 있다

간단한 음료만 시키면 쾌적한 환경에서 업무를 볼 수 있는 시대가 되었다.

온라인 판매의 유리한 점의 하나가 이러한 점이다. 어디서나 자신의 업무를 볼 수 있다는 것이다. 공간이나 시간의 제약이 거의 없다

고 해도 과언이 아니다.

가까운 도서관을 이용해도 좋다. 온라인 전용공간을 마련해놓은 국공립도서관도 시설이 너무 잘 되어있다.

필자가 어렸을 때 미래의 어떤 사람이 되고 싶은 가에 대해 생각했다. 대통령, 의사, 변호사 등. 그런데 지금은 많이 변화한 것 같다.

유튜버를 꿈꾸는 초등학생이 있는가 하면, 오프라인에서 상당한 경력을 가진 거래처 사장님들도 이제는 온라인을 해야 하는데 하고 상담을 하는 경우가 많아졌다.

지금 만들지 않으면 힘들 것 같다고 하면서 자신은 아니라 자녀에게 온라인 쪽으로 시키면 어떻지 문의하시는 분들도 적지 않게 만나보았다.

이렇듯 시간과 공간의 제약이 없이 일하는 사람들이 많이 늘어나고 있는 것이 현실이다.

굳이 중국의 온라인 성장세를 이야기하지 않아도 될 것 같다. 이젠 우리도 온라인상에 나의 건물을 만들고 판매하는 셀러의 위치에 서면 될 것이다.

그러한 어떠한 방향을 함께 갈지 고민하고 나간다면 좀 더 빠르게 성장해 나갈 것이다.

운영하는 방법

토요일에도 쉬지 않는 페대리를 이용하면 더 이상 당신의 소중한 시간을 길에서 낭비하지 않아도 된다고 생각한다.

이러한 데이터를 잘 활용하여 다음 상품의 광고에 적용하고 자신만의 인사이트를 만들어 나가는 것이 중요하다.

모든 상품을 판매하려면 광고비가 들어가기 마련이다. 그러나 이제 이 광고비를 어떻게 사용하느냐에 따라 상품의 전환율이 달라질 수 있다. 그리고 앞에서 이야기한 것처럼 온라인에서 광고를 위해 지불하는 비용을 이제는 재료비로 책정해서 사용해야 한다. 물론 브랜드인지도가 높아지고 고정 고객이 늘어나 재구매가 일어나는 시점이 오면 이 비용을 낮추면 될 것이다.

그럼 광고비가 아닌 생산원가 재료비가 낮아지는 것이다. 우리는 이렇게 제조 원가를 낮추는 일을 계속해야 한다. 만약 당신이 광고비를 별도로 책정하여 관리한다면 이제부터 광고비를 재료비로 책정하고 진행해 보길 추천한다.

05
인스타그램 팔로우 없이 광고하기

인스타그램을 시작하고 일상을 올리는 정도로만 사용한다면 굳이 광고를 어떻게 하는지 알 필요가 없을 것이다. 그러나 우리는 이를 통하여 수익을 창출해야 한다. 그러면 이미지를 통해 소통하는 인스타그램이랑 SNS 채널을 어떻게 이용할 것인지에 대하여 고민해 볼 필요가 있다.

그러나 대부분의 온라인담당자들은 인스타그램의 팔로우를 늘리는 과정조차도 너무도 어렵게 생각하고 시도하지 못하는 분들을 상당히 많이 접해 보았다. 생각했던 것만큼 많은 시간을 들이지 않아도 몇 주일 정도만 사진을 올리고 관련된 콘텐츠를 만들어도 우리는 이를 잘 이용하여 자신의 매장 또는 상품을 팔기 위한 광고를 만들 수 있다.

광고 팔로우 없이 만든다고 하는 개념부터 정리하면 좋을 것이다. 인스타 이전엔 없던 SNS 채널이다. 중요하게 생각되는 것은 좋은 콘텐츠가 되는 이미지 사진이다. 남들과 다른 더 직관적이고 선정적이고 자극적인 사진이 호감을 일으키고 소비자들로 하여금 주목을 받게 한다. 단지 글은 첨가하는 일부일 뿐이다.

대표적인 이미지 중심 SNS 채널이다. 프로필을 어떻게 설정하는지는 설명하지 않으려 한다.

물론 이 또한 자료를 올리고 정리하고 많은 팔로우를 만들고 이를 기반으로 모인 고객을 바탕으로 광고를 하는 것이 가장 기본이 된다고 생각된다. 그러나 이러한 기반이 없더라도 광고를 진행하는데 아무런 문제가 없다는 것을 인식하고 실행하는 사람들은 그리 많다고 생각되지 않는다. 많은 자료의 사진보다 적지만 좋은 콘텐츠를 만들고 올린다면 상당한 효과를 가질 것이다.

다시 한번 이야기하지만, 남들과 다른 좋은 콘텐츠가 모든 마케팅의 핵심인 것이다.

06
스마트폰에서 사진으로 바로 인스타 광고 생성하기

여기서 주목할 점은 광고비용이다. 예를 들어 블로그를 이용한다고 한다면 좋은 콘텐츠를 장기간에 걸쳐 올리고

이것을 관리하는 비용과 노력은 결코 만만한 작업이 아니다. 우리는 온라인상에서 판매하고 수익을 얻으려고 한다. 좋은 콘텐츠를 만드는 것은 당연한 이이지만 이것이 홍보하고 노출하기 위한 좋은 방법이 있으면 활용해야 한다.

이러한 좋은 홍보 방법 중 하나가 위에서 설명하고 있는 인스타그램 핸드폰에서 바로 광고하고 홍보하는 것이다. 많은 콘텐츠를 만들지 않아도 적정 수준의 콘텐츠의 양만 확보한다면 제품을 잘 설명할 수 있는 사진과 카피를 가지면 바로 홍보할 수 있다는 장점을 가지고 있다.

아래 예에서 보면 알 수 있지만 30달러의 금액으로 2,200명~5,900명의 고객에게 도달시킨 것이다.

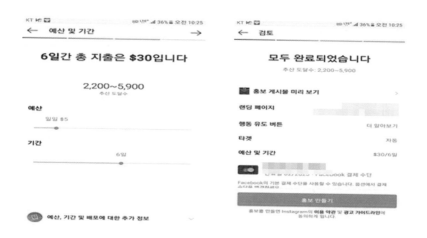

이젠 방법을 바꿔야 산다. 인사이트를 보면 알 수 있지만, 서울 대구 울산 부산 지역을 명확하게 알려주고 확률도 계산하여 준다.

또한 연령대를 세분화하여 정리하고 남성 여성의 비율 또한 제공한다. 세부적으로 나가면 시간대별 검색량도 인사이트에서 제공하는 것이다.

이렇듯 온라인 시스템을 우리가 이전에는 상상하지 못하였던 정보들을 제공해 준다. 대기업에서만 활용하던 정보를 개인인 우리가 소정의 광고료를 지불하면 보여주는 것이다. 이젠 1인 기업의 시대가 도래했다고 이야기해도 과언이 아니다. 누구나 쉽고 빠르게 광고를 진행할 수 있는 시스템이 점점 발전하고 있다. 이러한 시스템을 잘 익힌다면 바로 매출로 이어질 것이다.

이처럼 인스타에서 바로 광고를 집행하여도 중요한 것은 누가 어디서 무엇을 클릭했는지 데이터를 정확하게 집계하고 보고서 형식으로 제공해 주는 것이다. 이러한 것을 사람이 한다면 데이터를 수집하고 이것을 어떠한 형식에 맞추어 가공하여 보고 할 것이다.

그러나 이제 핸드폰에 연동되어 있으면 누구의 간섭도 없고 조작이나 인위적인 가공이 없기 때문에 데이터의 신뢰성이 높다는 이야기다.

신뢰성 높은 데이터를 얻을 수 있다. 이를 기반으로 만들어진 광고의 어떤 부분이 잘못되었는지 어디를 손보면 더 좋은 효과의 광고를 만들 수 있는지 파악할 수 있으며 또한 이를 기반으로 이러한 광고를 바로 진행하고 정지할 수 있다는 것이다.

어떠한 대행사나 인력 직원을 거치지 않아도 바로 의사 결정을 하고 진행할 수 있는 신속성이 있다는 것이다.

이는 과히 혁명적인 것이다. 의사 결정의 신뢰성 확보와 신속성은 1인 기업을 운영하기에 너무도 좋은 환경이다.

효율 2배 UP
인스타에서 포스팅하고 페이스북에 공유해서 사용하기

마케팅은 효율이다. – 매일 포스팅을 한다는 것을 쉬운 일이 아니다. 여기서 한 번 더 생각한다면 효율일 것이다. 우리가 홍보하는 채널이 인스타그램을 이용하여 광고를 집행하는 이유는 적은 비용으로 고객에게 효율적으로 상품을 노출 시킬 수 있다는 점이다.

인스타에서 제공하는 페이스북 공유 시스템을 이용하는 것이다.

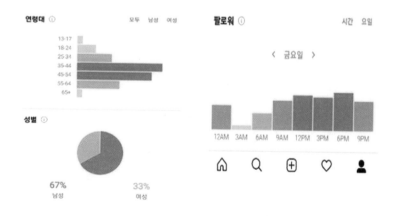

인스타그램에서 게시물을 작성하고 이것을 밑에 있는 페이스북과 공유하여 올린다면 한 번에 2개의 게시물을 작성하는 꼴이 된다.

온라인에서 판매하고 홍보를 하는 것을 결국 어떻게 하면 더 많은 노출을 할지 하는 싸움이고 노력이다. 이러한 점을 고려할 때 하나의 게시글을 작성하고 공유하는 기능을 활용한다면 더 많은 노출로 이어질 수 있다. 이러한 점을 마케팅에서도 조직을 잘 활용한다면 좋은 결과를 얻을 수 있다고 생각된다.

1개의 해외 체크카드로
나만의 온라인
매장 만들기

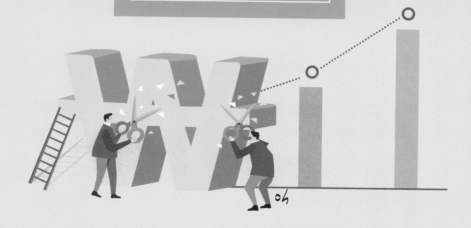

01

스마트 스토어 온라인
매장 만들어 보기

　　스마트 스토어 개설하기는 블로그를 만드는 것
처럼 쉽게 진행할 수 있다. 네이버에서는 온라인 판매를 하려고 하
는 분들을 위해 진입장벽을 낮추고 다양한 교육 서비스 등을 제공하
고 있다. 제품을 올리는 부분도 네이버 블로그를 사용해 보신 분들
이라면 누구나 쉽게 제작할 수 있게 되어있으며 이것이 네이버 스마
트 스토어의 장점이라고 할 수 있다.

스마트 스토어 개설하기

판매자 유형 선택하기

스마트 스토어 개설시 개인판매 회원으로 등록하는 것과 사업자 판매 회원으로 등록하여 진행하는 것이 있으므로 자신의 상황에 맞게 등록을 진행하면 될 것이다.

개인판매 회원 – 사업자등록을 하지 않은 경우 개인판매 회원으로 활동할 수 있음.

필수 서류 – 일반 : 없음

법적 미성년자(만 19세 미만)

– 스마트 스토어 법정대리인 동의서 원본 1부

– 가족관계증명서(또는 법정대리인 증명 서류)사본 1부

– 법정대리인 인감증명서 사본 1부

사업자 판매 회원 – 사업자등록을 한 경우

– 필수 서류 제출해야 가입승인

필수 서류 – 사업자등록증 1부

– 통신판매업신고증 사본 1부

– 대표자(또는 법인)인감증명서 사본 1부(발급일 3개월 이내)

명의 통장 사본 1부

– (법인 사업자의 경우) 법인 등기사항전부증명서 사본 1부

(발급일 3개월 이내)

해외 거주 판매자

해외 거주 판매자 – 해외에 거주하고 있는 경우

– 필수 서류 제출해야 가입승인

필수 서류 – 해외 개인

– 신분증(시민권/영주권/여권 등) 사본 1부

– 대표자 명의 통장(또는 해외계좌 인증 서류) 사본 1부

– 해외 사업자

– 신분증(시민권/영주권/여권 등) 사본 1부

– 사업자등록증 사본 1부

– 사업자 통장(또는 해외계좌 인증 서류) 사본 1부

입점 서류

개인	사업자	해외 사업자

해외거주 사업자

· **대표자 여권 사본** 1부
· **사업자등록증 사본**(미국의 경우 IRS 서류) 1부
· **사업자 또는 법인 명의 통장 사본**(해외계좌 인증 서류 가능) 1부

· 비영문권 국가 : 공증받은 영문번역본 함께 제출

시작하기

입점 서류

개인	사업자	해외 사업자

사업자

· **사업자등록증** 사본 1부
· **대표자 인감증명서** (또는 대표자 본인서명사실확인서) 사본 1부
· **대표자 혹은 사업자 명의 통장** (또는 계좌개설확인서, 온라인통장표지) 사본 1부

법인사업자

· **사업자등록증** 사본 1부
· **법인등기사항전부증명서** 사본 1부
· **법인 명의 통장** 사본 1부
· **법인 인감 증명서** 사본 1부

· **사업자등록증** : 공정거래위원회(http://www.ftc.go.kr)에서 조회 되는 통신판매업 사업자 정보와 일치 확인
· **인감증명서** : 최근 3개월 이내 발급 / 주민등록번호 뒤 7자리 마스킹
· **부가가치세 면세사업자 / 면세사업자** : 통신판매업신고증 필수
· **통신판매업신고**
  - 미신고자 : 스마트스토어 가입 절차 완료 후 안내에 따라 통신판매업신고 별도 진행
  - 신고자 : 가입 시 통신판매업 신고번호만 입력하면 별도 서류제출 필요 없음

시작하기

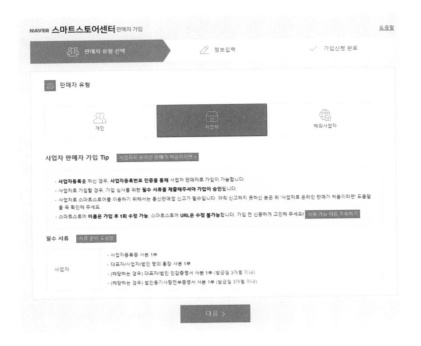

　회원가입 시 판매자 유형은 위와 같이 개인판매 회원, 국내 개인 사업자 판매회원, 해외 거주자 판매자 회원 3가지로 구성되어 있다. 사업자등록을 하지 않는 개인 회원도 판매를 시작할 수 있다는 장점을 가지고 있다.

　필자는 사업을 처음 시작하시는 분들 특히 온라인 판매를 하시는 분들이 초기에 시작하기에 가장 적합한 쇼핑 플랫폼이라고 생각한다.

판매를 시작하고 반응 및 기본적으로 처리해야 할 전반적인 것들을 익히고 난 다음 사업이 안정화 되었다고 생각되었을 때 필요한 서류를 만들고 제출하여 개인판매 회원에서 사업자 판매회원으로 전환하는 것도 한 가지 방법이 된다.

그러나 특정 상품 카테고리 같은 경우에는 필요한 서류는 제출하고 제품을 판매해야 한다.

참고 사항 : 스마트 스토어 가입 시 중요한 부분 중의 하나인 것이 이름을 만드는 것이다. 향후 확장성을 고려한 이름을 만들어야 제품의 추가 및 사업에 확장의 시기가 왔을 때 유연하게 대처할 수 있다.

그리고 검색에서도 용이한 이름을 찾아 사용하는 것이 노출을 고려하였을 때도 유리한 것은 당연하다.

어떤 한 상품이건 상점이고 좋은 이름을 짓는 것은 중요한 일 중의 하나인 것은 예나 지금이나 똑같다고 생각한다.

tip 스마트 스토어 계정 추가 조건

스마트 스토어 계정 추가 조건은 아래와 같습니다. (구 복수 아이디)

1. 회원가입일로부터 6개월 이상

2. 최근 3개월 총매출액 기준 금액 (800만 원) 이상

3. 최근 3개월 판매만족도 기준 4.5점 이상

4. 최근 3개월 내 이용정지 이력 없어야 함

등급 산정 기준 안내 ✕

| 판매자 등급 | 굿 서비스 | 상품등록 한도 |

판매자님의 거래 규모에 따라 구간별로 등급명이 표기 됩니다.
사용자들이 믿고 구매할 수 있도록 네이버 쇼핑 및 스마트스토어 판매자 정보 영역에 아이콘이 표기됩니다.

등급표기		필수조건		
등급명	아이콘 노출	판매건수	판매금액	굿서비스
플래티넘		100,000건 이상	100억원 이상	조건 충족
프리미엄		2,000건 이상	6억원 이상	조건 충족
빅파워		500건 이상	4천만 이상	-
파워		300건 이상	800만원 이상	-
새싹	-	100건 이상	200만원 이상	
씨앗	-	100건 미만	200만원 미만	

· 산정 기준 : 최근 3개월 누적 데이터, 구매확정 기준(부정거래, 직권취소 및 배송비 제외)
· 등급 업데이트 주기 : 매월 2일 (예) 10월 등급 산정 기준 : 7월~9월 총 3개월 누적 데이터 (월:1일~말일)
· 플래티넘과 프리미엄은 거래규모 및 굿서비스 조건까지 충족시 부여되며, 굿서비스 조건 불충족시 빅파워로 부여
  됩니다
· 새싹 및 씨앗 등급은 네이버 쇼핑 및 스마트스토어 사이트에서도 등급명 및 아이콘이 노출되지 않습니다

닫기

〈줄처 : 네이버 스마트 스토어〉

스마트 스토어 등급제

산정 기준 : 최근 3개월 누적 데이터, 구매확정 기준(부정거래, 직권취소 및 배송비 제외)

등급 업데이트 주기 : 매월 2일 (예) 10월 등급 산정 기준: 7월~9월 총 3개월 누적 데이터(월:1일~말일)

1등급(프리미엄)은 거래 규모 및 굿서비스 조건까지 충족 시 부여되며, 굿서비스 조건 불 충족 시 2등급으로 부여됩니다.

새싹 및 씨앗 등급은 네이버 쇼핑 및 스마트 스토어 사이트에서도 등급명 및 아이콘이 노출되지 않습니다.

굿서비스 기준

판매 활동에 대한 아래 서비스 조건을 모두 만족하는 판매자님께 부여됩니다.

사용자들이 믿고 구매할 수 있도록 네이버 쇼핑 및 스마트 스토어 판매자 정보 영역에 아이콘이 표기됩니다.

| 판매자 등급 | 굿 서비스 | 상품등록 한도 |

판매자 등급에 따라 상품등록 한도가 제한됩니다.
판매자 등급이 변경될 경우 상품등록 구간도 변경될 수 있으며 기존 한도보다 낮아질 경우 신규 상품등록이 제한됩니다.

등급명	상품등록 한도
플래티넘	5만개
프리미엄	
빅파워	
파워	
새싹	1만개
씨앗	

- 업데이트 주기 : 매월 2일, 판매자 등급별 한도수 부여
- 이미 한도수를 초과하여 상품이 등록된 경우 상품 삭제는 되지 않으나, 신규 등록 및 일괄 등록만 제한됩니다.
  (판매중 - 판매대기 상태값 변경은 가능합니다.)

| 닫기 |

〈출처 : 네이버 스마트 스토어〉

월별 기준

기준 상세

구매 만족리뷰 평점 4.5 이상

빠른 배송 영업일 2일 이내 배송 완료가 전체 배송 건수의 80% 이상

CS 응답 고객 문의 1일 이내 응답이 90% 이상
(판매자 문의 기준, 상품 문의 제외)

판매 건수 최소 판매 건수 20건 이상
(구매확정 상품 주문번호 기준, 직권취소 제외)

산정 기간 : 최근 1개월 데이터
굿서비스 업데이트 주기 : 매월 2일

스마트 스토어를 개설했다면 누구나 빅파워 이상의 등급을 목표로 하고 판매를 시작할 것이다.

우리도 도전해 보자!!

스마트 스토어 세팅하고 꾸미기

이제 스마트 스토어를 개설하였다면 스마트 스토어 세팅하고 간단하게 스마트 스토어 관리를 살펴보도록 하자.

중요하게 체크 할 것은 매일 올라오는 공지사항 관리와 판매 위해 정보 등을 살펴보고, 자신이 판매하고 있는 상품과 관련 있는 것이 있으면 체크 하고 상품관리를 하여야 한다.

스마트 스토어 관리

스토어 명 : 스토어 명은 1회만 수정 가능합니다.

스토어 대표 이미지 : 최소 160×160 이상, 가로세로 정비율 이미지를 권장하고 있다.

권장 사이즈는 가로 1300px 이상이며, 최대 20MB까지 가능하며, 파일형식은 jpg, jpeg, gif, png만 등록 가능합니다.

이미지 신규등록수정은 담당 부서의 검수가 완료되어야 변경된다

(영업일 기준 1~2일 소요).

스토어 대표 이미지는 스토어 프로필 화면과 네이버 쇼핑검색 시 노출된다.

스토어 소개 : 내 스마트 스토어를 잘 설명할 수 있는 문구를 넣는다.

스토어 URL : 스마트 스토어를 운영하시는 분들은 스마트 스토어 도메인을 선택한다.

고객센터 전화번호 : 스토어 프로필과 구매자의 주문내역 등에 상시 노출되는 정보로 국내의 전화번호 휴대전화 및 일반전화로 인증 가능한 전화를 등록하는 것이 유리하다.

PC 관리 하기

트렌디형, 스토리형, 큐브형, 심플형 – 내가 팔고 있는 상품 수 아이템에 맞게 테마를 선택하면 간단하게 변경 가능하며 배경관리, 레이아웃 관리, 컴포넌트 관리, 메뉴관리, 소개페이지관리, 스페셜 관리 등의 항목으로 나누어져 있다.

우리가 주목할 것은 PC 관리도 중요하지만, 모바일 전시 관리를 좀 더 신경 써서 구성하고 세팅하는 것이 더욱 중요하게 되었다. 이젠 모바일에서 구매하고 검색을 하는 경우가 증가

하고 있으며 통계상으로도 90% 이상이 모바일에서 진행되고 있는 지표를 본다면 내가 판매하는 상품이 검색되어 모바일에서 어떻게 보이는지 꼭 확인하고 체크 하는 것이 중요하다고 할 수 있다.

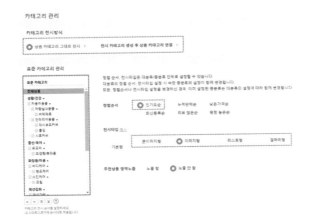

카테고리 관리

쇼핑 스토리 관리 : 쇼핑 스토리는 '트렌디형' 또는 '스토리형' 테마가 적용되어 있어야 전시된다.

스마트 스토어 관리 ➡ PC 전시 관리 ➡ 테마 관리에서 적용된 테마를 확인하고 변경할 수 있다.

02

스마트 스토어 스마트폰으로 관리하기

이젠 스마트폰으로 연동하여 사용하는 어플리케이션이 보편화 되어있다. 불과 몇 년 전만 해도 어플리케이션을 만들고 구연하는 것은 전문가들이나 하는 것이라고 생각했었지만, 지금은 코딩하지 않고 블록처럼 갖다 붙여서 만드는 어플리케이션이 있을 정도이다.

스마트폰으로 스마트 스토어를 관리하는 이야기를 하면서 왜? 뜬금없는 이러한 이야기를 하는 것인가 하는 독자분들도 있겠지만 그만큼 스마트폰의 기능이 향상되었다는 말을 하고 싶은 것이다.

그래서 여기서는 스마트 스토어를 개설하고 만들기를 PC에서 하였다면 스마트폰에서 간단하게 관리하는 화면을 소개하는 것을 보여주도록 하겠다.

스마트 스토어 바로 가기를 등록하고 바로 옆에 자신이 관리하는 택배관리 어플리케이션을 스마트폰 화면에 같이 등록하여 놓는다.

온라인 판매하다 보면 택배사에서 상품을 배달하면서 보내는 송장 번호를 급하게 찾아야 하는 경우가 생긴다. 그런데 이렇게 스마트 스토어 옆에 자주 보내는 택배사 앱을 깔아 놓고 사용한다면 상당히 편리할 뿐 아니라 언제 어디서나 고객 응대가 가능하며 아래와 같은 장점도 있다.

1) 고객 응대가 빠르다.

우선 고객 응대가 빠르다. 고객 응대가 빠르고 고객의 불편한 점을 빨리 처리한다면 사용하는 오픈마켓에서 좋은 평점을 받을 수 있다.

좋은 평점을 받는다면 자신의 오픈마켓에 반영되어 구매를 위해 유입되는 신규 고객에게 신뢰를 얻을 수 있다. 이는 바로 구매전환율의 상승으로 이어져서 수익이 늘어나는 계기가 되는 것이다.

2) 좋은 구매 후기를 얻을 수 있다.

좋은 구매 후기는 온라인 판매를 하는 모든 업체가 신경 쓰는 부분 중의 하나이다. 이러한 빠른 고객 응대 친절한 상담은 좋은 구매 후기를 얻어 낼 수 있다.

이것뿐만 아니라 판매를 하고 처리하는 속도가 빨라진다면 업무를 보는 당사자가 가장 편리할 것이다. 중요한 것은 얼마만큼 일을 힘들이지 않고 손쉽게 처리하냐 하는 것이다.

우리가 처음 시작하는 시점에서는 이러한 모든 것은 혼자서 처리하여야 한다. 물론 매출이 커지고 전담하는 직원이 생겨나기 전까지는 어떻게든 쉽고 빠르게 처리해야 한다.

그리고 설령 직원이 있다 하더라도 필자는 온라인 판매 초기라면 더욱이 직접 처리하는 경험을 해보는 것을 권장한다.

소비자를 직접 상대하고 관리해 본다는 것은 매우 중요한 일이다. 내가 판매하고 있는 상품을 구매하는 고객층의 성향을 파악할 좋은 기회이다.

그리고 상품에 대하여 불만을 표시하는 고객을 만족시킨다면 이보다 좋은 홍보는 없다고 생각한다.

상품문의, 고객 문의, 톡톡 문의 등의 기능을 스마트폰에서 바로 확인하고 처리할 수 있다.

매일 업로드 되는 새로운 공지사항들을 판매하면서 개편되는 메뉴들도 한눈에 관리할 수 있다. 이러한 스마트폰의 발전은 앞으로 더욱 커질 것이고 이젠 스마트폰만 있어도 어디에서나 상품관리 및 고객 응대가 가능해졌다.

03
온라인 사장되어 일해보기

지금 온라인 시장의 규모가 커지고 있는 것을 모르는 사람은 없을 것이다.

그러나 정작 당신이 온라인 시장에 진입하여 상품을 팔아 볼 수 있냐는 질문을 던지면 과연 그렇게 하기 쉽다고 답하는 사람은 드물 것이다. 물건이 없어서 아니면 온라인 지식이 없어서 등등 다양한 이야기들을 하며 할 수 없는 조건들을 나열하며 할 수 없는 이유만 만들어 낸다.

5년 후를 상상해 보는 답이 나올 것이다. 지금 보다 더 커진 온라인 시장을 보며 그때 온라인으로 뭐라도 팔아 볼 걸 하고 후회하고 있는 모습이 그려진다.

그렇다 중요한 것은 지금 시작하는 것이다.

이제 스마트 스토어 개설, 페이스북 계정 만들기 등을 기본적인 사항들을 숙지하였다면 본격적으로 실제 창업을 준비하고 실행해서 온라인에서 자신의 상품을 팔아 보는 단계로 넘어 가 보았으면 한다.

온라인 창업을 너무 쉽게 생각하는 사람들이 있다. 그러나 이것이 맞을 수도 틀릴 수도 있다. 온라인 창업을 너무 어렵게 생각하면 시작조차 하지 못할 것이고 너무 쉽게 생각하면 시작한 뒤 2~3달 정도만 운영해 보고 이익이 나지 않는다고 온라인 사업을 소홀히 하거나 더 이상 진행하지 않는 분들을 너무 많이 보아 왔다.

온라인 창업을 시작하시는 분 중 대부분이 온라인 창업 시 쇼핑몰을 우선 생각하는 경우가 많이 있다. 홈페이지를 만들어야 한다는 것을 우선으로 생각하고 정작 중요한 브랜드 만들기, 상품 선정하기, 상품 공급처와의 계약, 반품이나 소비자 접수 및 주문이 발주 배송의 문제는 어떻게 처리할 것인지의 문제들은 접어두고 사업자등록이나 사무실을 얻는데 주력하는 경우가 많이 있다.

우리는 여기서 우선 먼저 생각해 봐야 할 것이 있다.

대부분의 온라인 창업 절차는 조금만 검색하거나 하면 된다. 그리고 창업 절차도 중요하지만, 온라인 판매 사이클을 한번 경험해보는 것이 더 중요하다고 생각한다.

그래서 필자는 좀 더 쉽게 온라인 창업을 하는 과정을 설명하고 실행해 볼 수 있도록 네이버 스마트 스토어를 기반으로 우선 한 가지 상품을 팔아 보는 과정을 해보면서 상품 하나를 올리고 팔고 반품도 받아보고 실제 고객과 주문 접수도 받아보는 과정을 같이 해 나간 후 자사몰 및 쇼핑몰을 구상하고 자신에게 맞는 온라인 단독몰을 진행하는 것을 추천한다.

자사몰을 가지고 한다는 것이 좋지 않다는 것이 아니라 네이버에서 제공하는 서비스를 기반으로 상품을 소싱, 온라인에서 주문을 받고 판매하는 일련의 과정을 빠른 시간 안에 섭렵하고 이를 기반으로 자신에게 맞는 상품을 개발하고 브랜딩하고 판매할 수 있는 기본적인 작업을 익혀 본 다음에 하여도 늦지 않는다고 생각된다.

사업 계획서를 만들 기전 체크 리스트

우리는 너무 서류화되어 있거나 남들에게 보여주기식의 사업을 하고 있는 것은 아닌가 하는 의심을 먼저 해볼 필요가 있다. 물론 어떤 사업하기 전 어떤 것들을 준비해야 할 체크 리스트를 만들어 보는 것은 중요하다.

온라인 사장으로 일을 시작해 보자

사업자등록증

사업자등록증을 만들어 보자 관할 주소지에 있는 세무서에서 신고하면 된다. 준비할 것은 대표자 신분증과 임대차계약서가 필요하다. 사업자등록 시 회사명은 온라인 사업을 하면서 향후 자신이 어떤 분야로 확장할 것인지 아니면 한 분야를 집중적으로 할 것인지에 따라 알맞은 상호명을 선택하면 좋을 것이다.

주의할 것은 업태 종목란에는 소매(도매) 및 전자상거래를 체크해서 등록하도록 한다.

참고로 해외구매대행업을 하려고 한다면 서비스/해외구매대행업을 추가하면 된다.

처음 온라인 판매를 하시는 분들은 간이과세로 신고해도 괜찮지만, 세금계산서나 현금영수증이 발행되지 않기 때문에 불편한 점이 있을 수도 있다. 이는 각자의 상황에 맞게 신고하고 향후 일반 과세자로 전환해도 된다.

통신판매업신고증

온라인 사업을 하려면 반드시 통신 판매 신고를 해야 한다. 사업자등록증이 나왔다면 거래은행을 먼저 들러 사업자 통장을 만든다.

사업자 통장을 만들 때 같이 해두어야 할 것이 있는데 해외 결제가 가능한 체크카드를 만들고 구매 안전 확인증을 같이 신청하면 통신 판매 신고를 할 때 좀 더 편리하게 사용할 수 있다.

그리고 해외 결제가 가능한 체크카드는 반드시 비자, 마스터를 신청하기 바란다. 향후

페이스북 광고를 실제로 진행하려면 해외 결제가 가능한 체크카드를 등록해야 하는데 통신판매업 등록을 하러 가기 전 은행에서 한 번에 처리하면 좀 더 편리할 것이다.

위 작업이 끝났다면 각 관할 구청에 지역경제과에 방문하셔서 발급받으면 된다.

기간은 영업일 기준으로 4일에서 7일 정도 소요된다.

접수 시 구매 안전 확인증이 필요하니 지참하시고 접수하면 된다.

온라인 접수가 인터넷으로 가능하며 민원24에 접속하여 통신판매업 신고를 검색하여 신청 절차에 따라 신청하면 된다.

사업자등록증 · 통신판매업 등록증이 준비되었다면 온라인을 상품을 팔 수 있는 준비는 되었다고 볼 수 있다. 이후에는 구체적으로 어떤 준비를 해야 하는지 페이스북 광고 집행 준비부터 차근차근 준비하도록 하자.

민원24 온라인으로 통신판매업 편리하게 등록하기

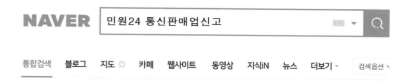

민원24에 로그인하여 '통신판매업 신고'라고 검색하여 인터넷 민원신청에서 등록 신청하면 된다. 아래는 필요한 구비서류이다.

구매 안전 확인증은 은행에서 통장 개설시 받아 두어야 한다. 온라인 개설시 꼭 필요한 서류입니다.

tip 온라인 판매업 신고에 필요한 추가 서류 준비하기

온라인 판매를 하기 전 발주서 및 운송장 번호 정리 파일 등 준비해야 할 기본적인 서류들이 있다. 이러한 것들은 온라인 판매를 하면서 만들려면 시간도 들어가고 주문하고 발송하는 과정에서 오류로 인한 사고도 있을 수 있다. 이러한 것들을 먼저 준비하여 만들어 놓는 것도 좋은 방법인 것 같다.

04
해외 체크카드 만들기와
페이스북에 등록하기

해외 체크카드 만들기는 온라인 사업을 하면서 가장 필요한 일일 수 있을 것이다.

우리는 이 체크카드를 이용하여 마케팅의 기본이 될 수 있는 페이스북 마케팅 광고 만들기를 활용할 때 사용하려고 미리 준비하는 것이다.

광고/마케팅을 이야기하면 기본적으로 온라인 사업을 하면서 중요한 부분이라고 생각된다.

수많은 웹사이트, 수많은 상품, 우리가 판매하고자 하는 상품을 온라인 안에서 판다고 하면 제일 먼저 사람들에게 우리의 상품/상점은 자사쇼핑몰이나 지금은 네이버 스마트 스토어를 이야기할 수 있다.

자신인 팔 상품이 있더라 하더라도 온라인상에서 상품을 팔려고 한다면 마케팅 광고를 배제하거나 알지 못하면 안 된다고 생각된다.

05
광고비를 재료비로 생각하기

우리가 흔히 온라인에서 상품을 판매하려 할 때 광고비를 상품을 구성하는 성비로 생각하지 않고 따로 분리하는 경우가 보통일 것이다.

상품을 도매나 제조업체에서 공급받는다면 이것에 공급 원가라고 책정하고 이에 따른 광고비를 따로 분리하여 운영하시는 분들이 대부분일 것이다. 그러나 필자는 온라인 상품에 관해서는 광고비도 재료비로 생각하여 따로 분리할 것이 아니라 상품이라고 생각하고 자신의 상품에 녹여 내야 한다고 생각한다.

그리고 중요한 점 하나는 자신만의 광고 또는 마케팅 전략을 가지고 있지 않다면 온라인 사업을 시작하는 것을 조금 더 준비하여야 한다고 생각된다.

이는 온라인 사업에서 마케팅이 차지하는 비중이 그만큼 크다고 할 수 있다.

지금은 그 준비 과정 중 하나인 체크카드를 만들고 페이스북에 광고를 등록하는 순서부터 진행해 보도록 하자.

주거래은행에서 자신에게 맞는 체크카드를 발급받는다. 꼭 해외 결재가 가능한 비자나 마스터 카드를 추천한다.

이를 발급받았다면 페이스북에 등록하여 광고를 진행하기 전에 준비 작업을 해야 한다.

페이스북 광고 만들기 기본 배우기

페이스북 화면에 오른쪽 우측 상단에 역삼각형을 클릭하고 광고

관리를 클릭하면 광고 관리 화면으로 변환된다. 여기에서 만들어 두었던 페이지에 접속하여 광고를 집행하면 된다.

페이지 관리를 하는 화면을 보면서 기본적인 세팅을 해보도록 하겠다.

페이스북 광고 관리 시 체크 해야 할 사항

크롬 브라우저를 사용하여 관리하기를 권장한다.
광고 관리는 해외 체크카드를 사용하여 관리한다(1인 1계정의 원칙).

실제 업무에서 마케팅하는 분들의 이야기를 들어보면 신용카드 사용 시 광고 도달률이 좀 더 높다고 하는 분들이 있으나 해외 결제를 하는 경우에 체크카드를 사용하는 것이 결제가 이상이 있을 시 신속하게 대응할 수 있어 우선은 체크카드를 사용을 선호하는 분들도 있고 다양한 경우가 있다고 한다. 이는 사용하시는 분들이 상황에 맞게 선택하여 사용하면 된다고 생각한다.

페이스북 광고 계정 및 일반계정은 1인 1계정을 원칙으로 한다. 그래서 광고 관리 시 필요한 광고비 지출 카드는 페이스북에 가입 시

사용 실명으로 사용하여야 한다. 자신이 거래하는 주거래은행의 해외 결재가 가능한 체크카드를 이용하기 바란다.

또한 스마트폰과 연동하여 사용할 시 스마트폰 또한 페이스북에 사용하는 실명과 동일한 핸드폰을 사용하여야 한다.

한 예로 거래하던 회사의 페이스북 계정을 회사 대표 계정을 관리하면서 핸드폰을 관리상 직원 번호로 관리하다 갑자기 계정 비활성화되는 경우도 보았다.

이렇게 페이스북 계정의 비활성화의 문제는 회사의 직접적인 매출로 이어진다는 데 있다. 개인적인 사진을 올리는 장으로 사용한다면 문제가 없겠지만 회사의 이미지 광고 콘텐츠를 알리는 장으로 사용한다면 이러한 부분을 신중하게 사용하고 다루어야 한다.

잘 팔리고 있던 상품이 계정 비활성화로 한순간의 매출이 0인 상태가 된다면 그것도 만만찮은 광고비를 지출하여 상당한 수익을 만들고 있는 페이지 또는 트래픽광고일 경우 회사의 손실은 아주 클것이다. 이렇게 시간과 돈을 들여 만들어 놓은 SNS 채널을 다시 원상으로 만들려면 또다시 자금과 시간이 필요하고 인력 또한 더 필요해질 것이다.

그리고 다시 만들었다고 하더라도 예전과 같은 효율의 구매 전환이 일어난다는 보장도 없는 것이다. 이렇게 중요한 부분을 쉽게 생각하고 놓치고 지나가는 분들이 많이 있다. 그래서 꼭 이러한 부분은 한 번 더 체크 하고 넘어가야 한다고 이야기해주고 싶다.

06
스마트폰 연동으로 SNS 채널
튼튼하게 관리하기

사용하는 노트북을 예로 들어 설명하려 한다. 사무실에서 이동없이 사용하는 경우에는 괜찮을 것이다. 그러나 이동이 많은 분이라면 노트북을 사용하여 업무를 보는 경우 사용장소에 따라 이동하면서 주위의 무료로 사용하는 와이파이를 사용하여 업무를 처리하는 것이 보통이다. 네이버에서도 같은 아이피 주소를 사용하여 접속하는 것이 안전할 뿐 아니라 위의 같은 경우를 방지하는 차원에서도 1인 창업기업이나 노트북을 사용하여 이동하며 업무를 보는 분들인 아래와 같이 사용하는 것도 하나의 방법이라고 생각된다.

1대의 노트북에는 1대의 핸드폰과 모바일 핫스팟 연동하여 사용할 것

스터디 카페나 커피숍처럼 공공장소를 이용할 때 공용 와이파이

를 사용하지 말고 자신의 핸드폰의 모바일 핫스팟 이용하여 노트북을 사용한다.

계정 결제에 사용하는 카드는 단일 카드를 사용하는 것을 권한다.

사용자 실명은 동일하더라도 온라인상 한 계정당 하나의 카드를 사용하는 것이 지속적으로 관리하기에 편리하며 페이스북 계정 안정화에도 도움이 된다고 필자는 생각한다.

여러 가지 광고를 집행하고 인사이트를 모으고 그것을 바탕으로 다시 광고 진행할 예시를 만드는 소중한 자료로 쓰이는 페이스북 계정을 이제 온라인 사업을 하면서는 좀 더 신중하게 관리하는 것도 중요하다고 생각한다.

자신의 정보와 상품의 정보 그리고 광고를 통한 자료들이 수집된 페이스북 계정을 오늘부터 잘 관리 해봤으면 한다.

07
페이스북 노트북에 심고
스마트폰으로 관리하기

페이스북을 개설하였다면 광고 관리자를 등록
하는 과정을 설명한다.

페이스북을 개설하였다면 이제 스마트폰과 연동하여 사용하는 방
법을 알아보아야 한다. 이제 스마트폰에서 모든 기능이 작동되고
PC를 사용하여 페이스북을 보거나 활용하는 시간은 점점 줄어들고
있다.

직장에서도 음식점에서도 이제 누구나 스마트폰을 보거나 상품을
구매하거나 한다.

그래서 지금까지 페이스북 계정을 만들고 광고 만들 준비가 되어
있다면 노트북이나 PC 버전의 페이스북을 스마트폰과 연동하여 사
용하는 것을 알아봤다.

우리가 스마트폰을 이용하여 페이스북을 연동하는 것은 광고 관리를 효과적으로 활용하기 위해서이다.

　PC에서 세팅해 놓은 광고 관리를 스마트폰에서 언제 어디서나 광고를 진행하고 아니면 진행 되고 있는 광고를 중지할 수도 있다.

　밥을 먹다가 커피를 마시다가도 좋은 아이디어가 떠올랐을 때 언제든지 광고를 간단하게 만들어 올릴 수 있다.

　구글 플레이 스토어에 들어가 페이스북이라고 검색 후, 페이스북 페이지 관리자, 페이스북 광고 관리자라고 검색하고 스마트폰에 앱을 설치한다.

아래 순서대로 진행하여 설치함

　페이스북, 페이스북 광고 관리자, 페이지 관리자가 설치된 모습이다.

　이렇게 설치가 완료되면 페이스북을 스마트폰에서 사용할 준비가 된 것이다.

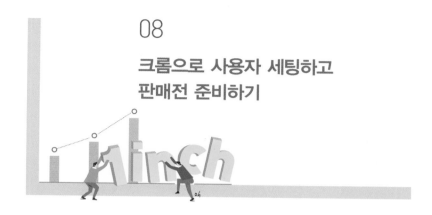

08

크롬으로 사용자 세팅하고
판매전 준비하기

검색엔진에는 여러 가지가 있으나 지금 페이스북 및 네이버 스마트 스토어를 사용하려고 한다면 크롬 브라우저를 사용하여 관리하는 것을 추천한다.

간단하게 설명하면 크롬 브라우저를 기반으로 사용할 때 사용자를 분리하여 관리할 수 있는 장점이 있다는 것이다.

구글 크롬의 장점을 알아보면 빠른 인터넷 반응 속도를 보여주고 있어 현재 사용자가 많아지고 있는 것과 사용자정의를 따로 할 수 있어 사용자를 나누어 관리 할 수 있다는 점이다.

그리고 스마트 스토어에서도 크롬을 기본 브라우저로 사용할 것을 권장하고 있다.

여기서는 더 중요한 것은 핸드폰 한 대를 사용하는 것이 아니라 사무용으로 핸드폰과 노트북을 하나로 연결하여 관리하기에는 크롬을 사용하는 것이 편리하다.

기본적인 사용자 정의를 하고 자신에게 맞는 사용방법을 알아보자.

사용자를 변경하여 자신의 핸드폰과 네이버 아이디를 통일시켜 관리하면 좀 더 효율적으로 관리할 수 있을 것이다.

크롬 브라우저를 사용하는 분들이 이야기하는 장점은 타 프로그램과 충돌이 없으며 인터넷 속도가 빠르다는 장점이 있다.

인터페이스가 단순하고 검색이 쉽다는 장점 때문에 많이 사용하고 있는 편이다.

여기서 중요한 것은 페이스북 및 인스타그램 광고 진행을 하기 위해 페이스북 계정을 여러분들이 만들었을 것이다.

이렇게 만든 페이스북 계정을 안정적으로 운영하기 위한 도구로 활용하기 위해 크롬 브라우저를 이용하는 것이다.

향후 마케팅을 좀 더 심도 있게 공부하거나 프로 마케터들이 사용하는 방법들을 이용하려면 당연히 알고 있어야 하는 부분이지만 지금은 정석대로 계정 안정화하여 저렴한 비용으로 홍보할 수 있는 SNS 채널을 하나 만들어 간다고 생각하고 알아두길 바란다.

그럼 한 노트북으로 두 사람이나 그 이상이 같이 사용할 경우는 사용자 관리에 들어가 별도로 사용자 명을 지정하고 관리하면 된다.

간단하게 아래에 설명을 참조하면 쉽게 할 수 있습니다.

우측 하단에 사용자 추가 버튼을 사용하여 사용자를 추가하면 된다. 노트북으로 계정을 관리하는 분들에게 추천하는 방식이다. 여기

서 크롬을 사용하는 이유 중 한 가지도 하나의 IP를 통하여 사용하기 위함이다. 모든 채널이 마찬가지이겠지만 진성 사용자인가 하는 문제를 항상 체크 한다.

바탕화면에 추가하여 사용하면 편리하다.

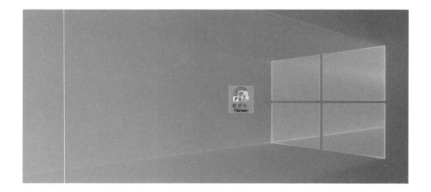

01
옥션, G마켓 한 번에 관리 등록하기

스마트 스토어에 상품을 등록하였다면 옥션, G 마켓에도 상품을 등록하자.

이 책은 초보 셀러들을 위한 자료이다. 물론 좀 더 많은 오픈 마켓에 등록하면 좋다고 생각될 것이다.

그러나 우리가 하고자 하는 것은 온라인 매장에 상품을 올리고 이것을 판매하는 일련의 과정을 한번 경험해보고 실전으로 연습해 보는 것을 더 중요하게 여기고 진행해 봤으면 한다.

스마트 스토어, 옥션, G마켓에 상품을 등록하고 관리해 본다면 다른 사이트에 등록하여 관리하는 것은 한결 편안하게 할 수 있다고 생각된다. 그리고 옥션, G마켓은 ESM PLUS라는 통합관리 프로그램을 제공하고 이를 이용하면 간단하게 2개의 오픈마켓을 관리할 수 있다.

ESM PLUS : 옥션, G마켓, G9 한 번에 관리하는 통합 프로그램

ESM PLUS 가입하기

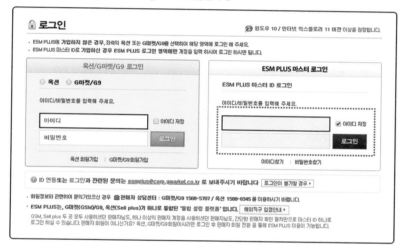

위와 같이 옥션과 G마켓 한 번에 상품 등록에서 수정, 배송관리를
할 수 있다. 온라인으로 마케팅 교육과 상품 판매 교육도 병행하여
진행하고 있으니 참고하여 공부하면 또 판매의 다른 길이 보일 것으
로 생각한다.

이렇게 3개의 오픈마켓을 이용하여 상품을 등록하고 판매한다면
다른 오픈마켓에 좀 더 쉽게 접근할 수 있는 기반이 될 것이다.

2019년 7월 1일 이후부터 상품 등록 2.0을 이용하여 상품을 등록해야만 상품 검색 최적화가 되는 상품군이 생겨나고 있다.

이전에 이미지 호스팅을 이용하여 한 번에 등록하였다면 변경된 등록 방식도 알아야 한다.

네이버가 사용하는 등록 방법 스마트 에디터와 유사한 방식의 워드프로세서를 쓰는 것 같은 형태를 띠고 있어 누구나 쉽게 사용할 수 있게 만들었다. 그러나 아직 옵션을 올릴 부분에서는 수정해야 할 것이 있는 것 같다.

그래도 앞으로 이와 같은 시스템으로 변화할 것이다. 이 부분은 각자 조금 더 알아보고 익히는 것이 좋을 것이다.

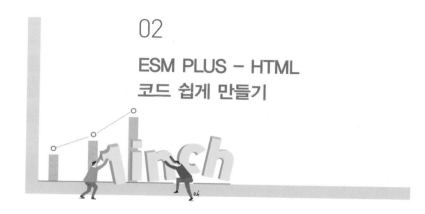

02

ESM PLUS - HTML
코드 쉽게 만들기

그리고 TIP 하나 - 아마 온라인 판매를 시작하여 다른 쇼핑몰에 등록하려고 할 때 HTML 코드를 이용하여 이미지 파일을 요구하는 곳이 있을 것이다. 그러면 이렇게 사용해 보는 것도 한 가지 팁일 수 있어 소개한다.

ESM PLUS에서 제공하는 이미지 호스팅 항목에서 이미지를 등록하고 여기서 HTML 코드를 복사하여 사용하면 편리하게 이미지 호스팅 서비스를 사용할 수 있다. 다만 5GB로 제한이 있으나 처음 시작하시는 분들이라면 별도의 비용을 들이지 않고 이미지 호스팅을 사용할 수 있다는 장점이 있다.

상품에 등록할 사진을 이미지 호스팅 올리고 다음과 같이 사용하면 편리하게 사용할 수 있을 것이다.

　폴더를 만들고 사진을 업로드하고 우클릭하면 html 코드 복사라
는 항목이 나온다. 이를 복사하여 사용한다.

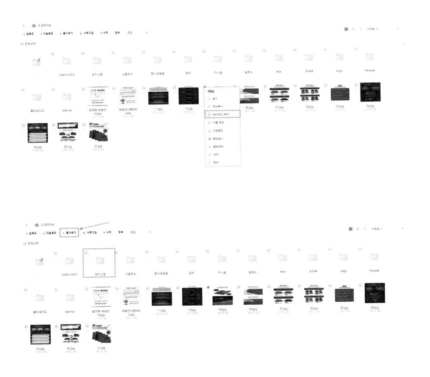

　이렇게 사용하면 원하는 HTML 코드를 쉽게 만들어 사용할 수 있
다. 물론 다른 프로그램이나 전문적으로 홈페이지를 사용하는 분들

에게는 쉬운 이야기이지만 처음 접하시는 분들은 이렇게 사용한다면 좀 더 쉽고 편하게 이용할 수 있을 것이다.

03

상세페이지 만들기와
기본 브랜드 전략

상세 페이지 만들기와 기본 브랜드 전략

      온라인 판매에 있어서 상세페이지는 상품을 소개하고 알릴 수 있는 가장 중요한 수단이다. 이것을 어떻게 구성하고 만드느냐가 상품을 팔려고 하기 전 가장 먼저 생각해야 할 부분이다.

이 부분을 처음 상품을 팔아 보려고 하시는 분들이 생각하시는 것이 벤치마킹일 것이다.

지금 온라인으로 창업을 하는 분들은 이제 막 시작해 보려는 분들에게 가장 추천하고 싶은 마케팅 방법의 하나다. 그러나 마구잡이식 벤치마킹은 피했으면 한다.

한 단계 더 나아가 리브랜딩이라고 지칭했으면 한다. 이 부분을 리브랜딩이라고 이야기하는 것은 새롭게 만들어지는 것이 필요하기 때문이다. 판매에 필요한 요소들이 경쟁업체에서 나와 같거나 비슷한 상품을 팔고 있다면 자신의 쇼핑몰에 가져와 자신만의 방법과 기획을 하고 재창조하여 다른 상세페이지를 만들고 구성해야 한다.

우리는 많이 조사하고 분석해야 한다. 온라인상에서 1위를 하기 위해 어떠한 카피를 사용하였으며 상품의 어떤 부분을 강조하였으며 소비자에게 판매하기 위해 어떠한 전략을 쓰는지 알아보고 연구하고 내 것으로 만들어 내야 한다.

여기서 어떠한 광고나 상품을 예로 들면 좋을 것 같다고 글을 쓰면서 생각했다.

상세페이지 구성을 위한 필수 요소
대표 이미지
상세페이지를 구성하는 이미지
구매 후기 및 상품 설명
네이버 스마트 스토어 쇼핑 화면 분석하기

네이버 쇼핑의 전체적인 화면 구성이다. 여기서 자신이 판매하는 상품의 온라인 업체들을 순위를 파악하고 1위부터 5위까지 어떻게 상세페이지가 구성되어 있고 어떤 회사의 페이지가 가장 잘 만들어

졌는지 나라면 어떻게 만들 것인지 기본적인 기획을 하기 위한 자료를 찾아야 한다.

나만의 상세페이지를 잘 만드는 방법 및 기획 기본기 다지기

우리가 상세페이지를 만드는 이유는 무엇일까? 당연히 자신의 상품을 잘 팔기 위함이다.

기본적으로 상세페이지를 만들려면 무엇을 해야 하는지 정말 필요한 것이 무엇인지 알아보고 이것을 기본적으로 만들어 보자.

상세페이지의 만들기 전에 필요한 항목들을 나열하고 이것을 필요에 맞게 조합하고 정리하면 한결 쉽게 상세페이지를 만들 수 있다고 본다.

그리고 가장 중요하면서 신경 써야 하는 것이 이 상세페이지가 아닌가 생각된다.

네이버 스마트 스토어에서는 상세페이지라고 하고 마케팅을 하시는 분들이라면 랜딩 페이지라고 이야기하면 쉽게 이해될 것이다.

소비자가 검색해서 보게 되는 최초의 페이지를 랜딩 페이지 혹은 상세페이지라고 이야기하면 편할 것이다.

그럼 구성 요소에 대하여 알아보자

1. 대표 이미지
2. 상품의 정보/상품을 법적 기준으로 표시해야 할 정보
3. 상품 상세설명
4. 사이즈 및 규격
5. 제품의 서비스
6. 각종 혜택 및 이벤트
7. 관련 상품 및 동종상품
8. 구매 후기
9. Q&A

위 9가지 구성 이외에 여러 가지 구성 요소들이 추가될 수 있으나 기본적으로 9가지 구성을 가지고 상세페이지를 만들면 된다.

위 구성의 순서나 필요 요소를 추가하는 것은 개인적인 취향이나 시장 및 상품의 특성을 고려하여 구성하면 된다.

우선 네이버 스마트 스토어 랜딩 페이지 구성/스마트에디터 3.0을 구성해보도록 하면 좋을 것 같다. 2019년 7월부터 옥션, G마켓에서도 상품 검색에 용이한 상품 등록 2.0을 의무사용하기 시작하였다.

스마트 에디터 3.0에 익숙해 있으면 다른 상세페이지를 만드는 데
도 쉽게 적응하여 사용할 수 있다고 본다.

네이버 스마트 에디터 3.0 알아보자

내가 팔고자 하는 상품의 내용을 보여주는 상세페이지를 네이버
스마트 스토어에서는 스마트 에디터 3.0을 가지고 작성한다. 네이버
블로그에 익숙해 있는 분들이라면 쉽게 적응하고 처음 하시는 분들
도 3.0 에디터를 사용해보면 상당히 직관적으로 만들어졌으면 사용
하기 편리하다는 것을 알 수 있을 것이다.

그럼 스마트에디터 3.0을 사용해 보고 상품 등록을 해보자

상품 관리 항목에서 상품 등록으로 들어가면 기본적으로 구성해

야 할 항목들이 나옵니다.

이것을 기반으로 작성하면 됩니다.

등록 시 주의 사항

상품과 맞지 않는 카테고리를 등록할 경우 강제 이동되거나 판매 중지, 판매금지 될 수 있다.

상품명

판매 상품과 직접 관련이 없는 다른 상품명, 스팸성 키워드 입력 시 관리자에 의해 판매 금지될 수 있다.

유명 상품 유사문구를 무단으로 도용하여 ~스타일, ~st 등과 같이 기재하는 경우별도 고지 없이 제재될 수 있다.

상품명을 검색 최적화 가이드에 잘 맞게 입력하면 검색 노출에 도움이 될 수 있다고 알려 주고 있다. 주의해서 등록하여야 한다.

팁 - 상품명 검색 품질 체크

상품 등록 시 네이버에서 정한 검색 품질에 맞게 등록할 수 있도록 도와주는 역할을 하는 기능이므로 등록 시 활용하면 용이하게 상품을 등록하고 검색 최적화에도 도움이 된다.

판매가와 재고수량

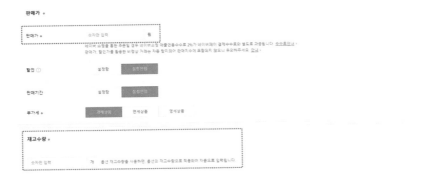

네이버에서 검색했을 경우 할인금액을 작성할 수 있는 구간이다. 그러나 나중에 정산 시에는 할인금액이 아닌 판매가를 기준으로 정산을 하므로 신중하게 가격책정을 해야 한다.

물론 시중에서 판매되고 있는 관련 상품같이 상품의 온라인 판매가와 내가 팔고자 하는 상품의 가격을 정하는 것은 매우 힘들고 어려운 일이 아닐 수 없다. 이것은 향후 좀 더 자세하게 다루면 좋을 것으로 생각된다.

마케팅에서도 상품의 품질이나 설명도 중요하지만, 상품의 가격을 어떻게 책정하느냐에 따라 구매전환율이 달라지는 경우가 많다. 이러한 항목이기 때문에 좀 더 연구하고 생각할 필요가 있다.

대표 이미지 사이즈는 640×640으로 가장 자신의 상품을 잘 표현할 수 있는 것을 넣는다.

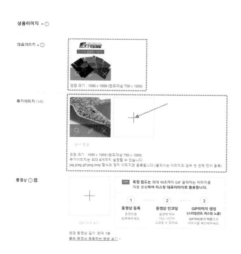

물론 이제는 모바일 검색이 PC에 비교하여 원활하게 높다는 것을 안다면 상품을 등록하고 자신의 스마트폰에서 다른 기종의 스마트폰에서 상품이 어떻게 보이는지 확인하는 과정 또한 생략해서는 안 된다.

추가 이미지는 최대 9개까지 설정할 수 있다고 한다.

그러나 이러한 이미지를 몇 개까지 넣어야 좋다는 것은 상품마다 종류에 따라 다를 것이다.

그래도 기본적으로 최소한 3개에서 7개 정도는 구성해서 넣어 보도록 하자.

다음은 상세페이지를 구성하는 스마트 에디터 3.0

상세페이지를 만드는 중요한 도구 중 하나이다.

기본 랜딩 페이지로 앞에서 설명하였다. 중요한 부분이므로 다시 한번 알아보고 내 것으로 만들어 보자!!

옵션 사항

검색설정 하기

검색 설정하기 항목은 우측의 항목을 체크 하여 태그와 page Title, Meta description 등을 상품 관한 정보 또는 태그를 설정하여 넣도록 하자.

　온라인에는 수많은 상품이 있으며 이것을 검색해서 판매하는 온라인 매장이라면 이러한 부분들을 놓치지 않고 좀 더 신경 써서 선택하고 넣는 것이 좀 더 유리하다고 할 수 있다.

　그 시대에 흐름에 맞는 태그 상품 설명은 짧지만 자신의 상품을 최대한 알릴 수 있는 문구 카피 등을 생각하여 넣어줌으로써 구매 전환에 조금이라도 도움이 될 수 있게 구성해보는 것이 좋을 것이다.

상품 검색 노출을 높이기 위한 기본적인 정보들을 입력하여 보았다. 마지막으로 네이버에서 제공하는 검색 품질 체크를 활용하여 자신이 등록한 정보들이 검색에 유리하게 등록되어있는지 체크 해주는 도구이다. 유용하게 활용하고 혹시 놓치고 가는 것이 있는지 한번 더 체크 해보자.

모바일 환경에서 꼭 확인하기

04
지금은 편집의 시대

편집력, 필자가 이야기하는 편집력이란 무엇일까?

물론 어떠한 디자인이나 상품을 구성 기획하는 것을 이야기할 수 있지만, 온라인에서 상품을 파는 우리에게 편집력이란 또 다른 관점에서 보았으면 한다.

정보 과잉의 시대 우리는 지금 정보 과잉에 시대를 넘어 SNS 채널의 과잉의 시대에 살고 있다.

이제 비단 디자이너가 아니더라도 앱을 기획하고 디자인하는 분야가 아니더라도 편집력을 요구하는 곳이 많아지고 있다.

상품기획에서 상품의 구매, 판매까지 1인이 운영하는 것을 기초로 하여 운영하다가 사업 분야가 확대된다면 제품수입, 관리 인원도 추가로 구성하여 늘려나갈 것이다. 그러나 지금은 본인이 직접 모든 업무를 혼자서 처리해야 하고 한사람이 이 모든 것을 효율적으로 처리하는 것이 중요하다.

그래서 필자는 편집력의 힘을 빌리고 기획하는 연습을 하여 다양한 업무들을 분산, 분리하고 정리하여 자신이 할 수 있는 일과 외주혹은 다른 사람의 힘 능력을 빌려 사용할 수 있도록 만드는 일을 편집력이라고 부르려 한다.

기획과 편집력

온라인 사업을 하려고 한다면 먼저 제품의 기획에서부터 광고 기획 / 마케팅 / 자금 운영기획 / 판매 후 재고 관리 / 인력 관리 등 다양한 분야의 기획이 먼저 이루어져야 한다고 생각한다. 그러나 이모든 것을 나 혼자 처리하기에는 1인 기업이라고 해도 역부족일 것이다.

그래서 편집력이 필요할지도 모른다. 모든 정보를 펼쳐 놓는다고생각하고 펼쳐 놓는다. 그리고 순서에 맞게 분리하고 내가 할 수 있는 일과 할 수 없는 일, 외주로 해야 하는 일과 직접 관여하여야 하는 일, 전적으로 일임해야 하는 일과 그렇지 않은 일 등 자신의 상황에 맞게 분리하여야 하고 이를 기반으로 처리 프로세서를 만드는 것이다. 이러한 일 중에서 외주를 줄 수 있는 부분과 온라인상에서 처리를 대행해 주는 곳을 찾아 편집하고 기획한다면 한결 편하게 일할 수 있게 될 것이다. 그래서 이러한 것을 편집력이라고 정의했다.

우리는 이제 편집력이 우수한 사람이 성공하는 시대에 살고 있다.

우리도 우리만의 편집 기술을 가지고 있으면 좋을 것이라고 생각한다.

벤치마킹을 잘해야 살아남는다?

벤치마킹 정말 오래전부터 마케팅뿐만 아니라 어떠한 사업을 하든 간에 자주 등장하는 용어이다. 그러나 온라인 세계에서는 좀 더 현실적으로 다가오는 단어이기도 하다.

온라인 판매가 처음인 분들이나 이제 막 시작하신 분들의 고민은 무엇일까 분명 같은 제품을 파는 다른 업체의 온라인 전략이나 기술을 알았으면 얼마나 좋을까 하는 생각일지도 모른다.

그러나 이러한 생각만 할 것이 아니라 처음으로 온라인 판매를 시작한다면 선두를 달리고 있는 업체의 상세페이지 광고 형태를 자신만의 상품에 대입하여 좀 더 개선하여 만들어 본다면 적은 시간과 노력으로도 적잖은 결과를 만들어 낼 수 있다고 본다.

벤치마킹은 여기서 아주 중요한 역할을 한다. 분명 상위 업체들은 전문 디자이너도 촬영 팀도, 마케팅을 담당하는 부서도 있을 것이다.

지금은 부족하지만 이렇게 상위 업체를 따라 하다 보면 분명 자신만의 노하우를 축적하게 될 것이다. 그리고 좀 더 노력한다면 그들과 다른 창조적인 결과도 만들어 낼 수 있다고 본다. 모방은 창조의 어머니라는 이야기가 있는 것처럼 처음에는 잘 따라 하는 것만으로도 자신의 실력이 향상될 것이다.

05
에디팅 파워를 이용하여
자유롭게 일하기

에디팅 파워(Editorial power)를 이용하여 자유롭게 일한다는 개념을 잡았을 것이다. 다시 한번 이야기하면 이전에는 생각하지도 못했던 세분된 개념의 일자리들이 생겨났다. 대표적인 재능기부 앱인 크몽을 비롯하여 소소하게 소개되고 있는 재능기부 앱들의 기본적인 상품은 자신의 재능을 통하여 필요한 재능을 공유하고 교환하는 것이다.

상세페이지를 예로 들어보자. 물론 자신이 디자인에 자신이 있거나 뛰어나다면 아니면 자본이 충분하여 단독회사에 의뢰하여 디자인을 받아 상품을 판매한다면 가장 편리하고 빠른 대응이 될 것이다. 그러나 우리가 원하는 것은 우선은 이러한 것이 아니다. 최소한의 비용으로 최대한의 효과를 내는 것이다. 그러면 이러한 시스템을 이용하여 상세페이지를 외주형태로 의뢰하고 다른 시간에 제품의 카피, 아니면 제품 소싱할 곳을 더 찾아보는 노력을 하면서 일의 부담을 최소화하는 것이다.

중요한 것은 여기에 있다. 여기서도 중요한 카피 디자인을 어떻게 구성할지는 우리가 해야 할 가장 중요한 일이다.

우리가 팔려고 하는 제품은 소비자도, 상품을 디자인하는 디자이너도 아닌 우리 자신이다. 이것을 좀 더 시간을 들여 분석하고 셀링포인트를 찾는 일은 온전히 우리의 몫인 것이다.

상품의 CS 같은 경우에도 상품의 상태에 따라 직접 CS를 할 것인지 아니면 문자나 카톡으로 대신할 것인지 결정해야 한다. 이것은 상품에 따라 매우 다양한 경우가 생긴다.

문자로 CS를 하는 경우 요즘에는 자동으로 연결하여 간단하게 상담하는 챗봇 형태도 생겨나고 있다. 이러한 경우도 자신의 상황에 맞고 적용하여 사용하면 좋을 것이다.

배송대행

상품 소싱 – 중국을 예로 들겠다. 물론 시장 조사 차원에서 중국 현지를 방문하는 것도 좋을 것이다. 하지만 지금은 온라인 시대 전문가들이 넘쳐 나고 있다.

필자도 많은 셀러들을 만나고 상담하면서 느낀 점이지만 초보 셀러분들이 겪는 부분 중 하나가 아직 상품 하나도 제대로 온라인상에서 판매하지 않고서 직접 상품을 중국에서 수입해 오려고 하는 모습들이다. 단지 상품의 가격을 싸게 할 수 있다고 믿는 것이다.

하지만 필자는 다른 시각으로 보는 것이 좀 더 현명하지 않을까 하는 생각이다.

지금은 배송대행지의 배송대행을 비롯하여 중국뿐만 아니라 미국 현지, 홍콩 필리핀, 태국 등에서 상품을 소싱하고, 일정 비용을 받는 대행사들이 너무도 많고, 서비스 또한 잘 되어있다.

자신이 팔 수 있는 좋은 상품을 선정하고 이러한 상품을 기반으로 이러한 대행사를 골라 거래를 한다면 비용이 들어가겠지만, 현지 사정을 너무도 잘 알고 있는 사장님들이 현장에서 일어날 수 있는 수많은 변수 들을 처리해 줄 것이다.

필자도 처음 대행사를 거쳐 멀티탭을 중국에서 받을 때, 생각했던 것보다 2주 넘게 걸려 샘플을 받은 적도 있다. 이러한 것은 비일비재하다. 중국 택배에서 생각지도 못한 다른 곳으로 배송해 버린 것이다. 이러한 건은 대행해 주신 사장님이 비용을 차감해 주기도 한다.

온라인상이라고 하나 분명 사람이 일을 하는 것이다. 그리고 역으로 잘 팔리는 상품을 소개해 주는 일도 있다. 각자의 전문 영역은 존재하는 것이다.

처음에도 이야기한 비즈니스 모델과 현재의 포지션이 중요한 것이다. 비즈니스를 하다 보면 처음에 정한 이러한 자신의 포지션을 잃어버리고 점점 다른 방향으로 갈 때가 있다.

지금처럼 상품을 소싱하고 운반하는 것이 자신의 일이 아닌데도 이러한 부분에 너무도 많은 노력을 들이는 분들을 볼 때가 있다.

외주를 줄 때는 외주를, 자신이 해야 할 일은 자신이 하는 구분을 잘하고 자신의 영역에서 할 수 있는 일들을 해 나가는 것이 중요하다고 다시 한번 강조한다.

06
비즈니스 모델링의 활용 사례

온라인 마케팅 모임에 참석하여 들어본 현장에 이야기는 실제로 3년에서 5년의 경력을 가지고 있는 온라인 셀러들도 비즈니스 모델링에 관하여 생소하게 생각하거나 학교에서나 한 번쯤 들어본 강의 내용으로만 기억하고 있는 분들이 대부분일 것이다.

그러나 우리가 처음에 이야기한 것과 마찬가지로 온라인으로 상품을 팔든 아니면 상점을 운영하든 자신만의 비즈니스 모델링을 가지고 있어야 한다.

이는 진부한 이야기일지 모르지만, 바다에서 배가 항해하는 것과 같다. 등대가 없으면 배는 갈 방향을 잃고 만다. 지금은 GPS가 있어서 괜찮다고 하지만 GPS만큼 중요하다고 아무리 강조해도 부족하지 않다.

만약 초행길에 가고자 하는 곳을 설정해 놓은 내비게이션이 고장 났다면 어디로 갈지 모르고 헤매는 것과 마찬가지다.

그리고 중요한 것은 이러한 비즈니스 모델링을 완성한 후이다. 이 것은 처음에 만든 지표이지 변하지 않는 것은 아니다. 전체적인 내 용은 변함이 없어도 앞으로 나아가며 실행한 모든 영역의 결과를 적 용하여 좋은 방향으로 점차적으로 고쳐 나가는 것이다.

그리고 이러한 점을 수정하고 진행하고 정말 확실한 방향이 정해 졌다면 순서대로 앞으로 나아가면 된다.

그렇게 진행해 가는 과정에서 생기는 일들을 레이어 구조라고 생 각하고 일 처리를 한다면 아마도 어떠한 상황에서도 좋은 결과를 도 출해 낼 것이다.

참고사항 – 레이어 구조처럼 다음 구조를 이용하여 처리해야 할 일들을 정리 한 번에 처리하는 것.

그리고 다음으로 중요하다고 생각되는 것이 수익구조 만들기다. 쉽게 이야기해서 돈의 흐름을 어떻게 하면 자신이 구축해놓은 곳으 로 들어오게 하느냐이다. 그리고 또 한 번 언급한다면 처음에 들어 가는 초기 자본금의 계산이다. 만약 수개월 동안 수익이 발생하지 않는다고 조바심하는 것이 아니라 이미 계획하고 진행해야 한다. 처 음부터 순조롭게 풀리면 좋겠지만 그러한 경우는 극히 드물다고 볼 수 있다. 오프라인에서 어떠한 사업을 해도 마찬가지일 것이다. 그러나 온라인에서 이러한 수익구조를 만드는 것은 오프라인에서 창업하는 비용에 비하면 정말 적은 금액이라고 할 수 있다.

마지막으로 비즈니스 모델링의 사례를 바탕으로 자신만의 비즈니스 모델링을 만들어 보았으면 한다.

비즈니스 모델링에 대하여 이야기하며 실제 오프라인에서 많은 분을 만나 상담을 하여보면 대부분이 꼭 필요한 것은 알겠는데, 실제 실무에 적용하려고 하면 어디서부터 손을 대야 할지 막막하다고 말씀하시는 분들이 많다.

하지만 몇 번 연습하고 같이 풀어나가다 보면 다들 순조롭게 풀어나가시는 모습들을 본다. 이 모델링은 자신을 자신의 회사의 문제점을 한 번 더 파악해 보고 다시 수정해 보는 과정이다.

저는 말합니다. 누구에게 보여주는 비즈니스 모델링이 되면 발전이 없다. 조금은 미숙하고 부끄럽지만, 자신의 회사의 문제점은 그 누구보다 자신이 가장 잘 안다고 생각한다.

비즈니스 모델링 만들기는 이러한 것을 표면으로 끌어내는 역할만 할 뿐이다. 진솔하게 써 나간다면 해답을 찾아내고 문제점을 풀어나가는 자신의 모습들을 볼 수 있을 것이다.

그만큼 중요하고 부분인 것은 간과할 수 없는 사실이다. 꼭 한번 비즈니스 모델링 만들기를 해보고 꼭 자신만의 강점인 모델링을 찾아가는 것을 실천해 보았으면 한다.

07
2PM 비즈니스 모델링 만들어 보기

고객에게 무엇을 팔 것인가? 궁극적인 목적은 우리의 상품을 고객에게 팔고 거기서 나오는 이익으로 회사의 운영하고 수익을 창출하는 것이고 이것이 우리의 사업의 목적이다.

그럼 이러한 구조를 만들고 운영하려면 무엇이 있어야 하는가? 상품(Product), 사람(Person), 마케팅(Marketing), 자본(Money) 등이 기본적으로 구성돼야 한다. 아래에 이야기하는 모델링 또한 경영학이나 경제학이나 경영학에서 이야기하는 모델링과는 차이가 있다. 현장에서 실무를 하며 얻은 결과를 놓고 다시 구성하였고 이러한 구조가 필자에게 가장 적합하여 적용하고 사용한 것이므로 감안하고 평가하였으면 한다.

우리가 상품을 판다면 기획을 해야 한다. 쉽게 이야기한다면 수익을 만들 수 있는 장을 만드는 것이다. 이러한 장을 만들지 못한다면 돈을 벌기란 참으로 어려운 일이다.

소규모 사업이라도 자신만의 전략을 가지고 있지 않다면 사업을 진행하면서 일관된 방향성을 가지고 운영하기가 쉽지 않다. 우리는 벌어지는 시장 상황 상황에 맞추어 운영하다 보면 내가 의도하고 있지 않은 전혀 다른 방향으로 사업이 진행되고 있을지도 모른다.

모델링의 기초가 없다면 자신의 취향대로 상품이 선택되고 사업의 운영 방향도 자신의 취향 아니면 중간 기획자의 취향에 따라 사업 방향이 조금씩 변화되어 갈지도 모른다.

위 2가지는 모두 방향성이다. 사업은 일관된 방향성을 가지고 운영되어야 하고 검증된 비즈니스 모델링이 있어야 큰 틀을 벗어나지 않는다.

단계별 솔루션 검증 - 비즈니스 모델링의 변형

대상 고객
최우수 거점 고객
고객 문제
문제대안

고유가치제안

카테고리

솔루션

핵심지표

손익분기점

1년 2년 3년 후 발전계획을 세우기

어떠한 불황에도 이익을 만드는 비즈니스 모델링 만들기

왜 불황에도 이기는 비즈니스 모델링을 가지고 있어야 하는가?

돈 버는 방법은 정말 여러 가지가 있을 것이다. 우리가 온라인으로 상품을 팔아 수익을 만들 수도 있고 자신의 노동력을 교환하여 이익을 얻을 수도 있다.

나만의 비즈니스 모델을 만들고 이것을 적용하여 실천해 보는 것이 중요하다.

이에 관련한 마케팅 팁을 알아보려고 한다.

우리가 사용한 비즈니스 모델링

상품(product) / 사람(Person) / 마케팅(Marketing) / 자본(money)

상품(product) – 좋은 상품이 있어야 한다는 것은 당연한 일이다. 그러나 현장에서 만나 본 대부분의 사람들은 온라인에 진입하기도 전에 저가의 상품이나, 누구나 팔고 있는 저렴한 상품 이익이 많이 남는 상품을 고르려고 혈안이 되어있다.

여기서 중요한 점을 놓치고 있다고 생각한다. 좋은 상품을 팔아야 이익은 적더라도 소비자의 불만이 없으면 좋은 리뷰가 달린다. 우선은 이익을 내는 것이 목적이 아니라 하나의 상품을 온전하게 자신이 온라인에서 팔아보고 발송해보고 반품도 받아보고 소비자의 주문도 받아보는 일련의 과정은 중요하다. 하지만 이것을 잊어버리고 순간의 이익에만 계산하여 상품을 선택하려고 하는 모습들을 많이 보았다.

단편적인 예로 자신의 상품을 팔아보기도 전에 택배비가 싼 곳이 어딘지 어떻게 싸게 계약을 해야 하는지를 질문하는 분도 보았다.

자신의 상품의 상세페이지를 어떻게 만들 것인가를 고민하고 어떻게 하는 온라인에서 유입된 고객이 자신의 상품을 온라인상에서 보았을 때 구매하고 싶은 마음이 들게끔 브랜딩하고 신뢰감을 주는 멘트를 어떻게 만들지를 고민하기보다 원가 절감부터 계산하고 계산기만 두들겨 보고 있는 분들을 종종 만나 볼 수 있었다.

택배를 예를 들면 당연히 처음에는 저렴하지 못한 가격에 나갈 것이다. 그러나 나중에 물건의 발주량이 늘어나고 거래하는 택배사의 배송 서비스 정도를 판단하여 나에게 맞는다면 다시 택배사와 협의하여 단가를 조정하면 될 것이다. 그리고 처음 거래하는 신생 업체에 어느 택배사 지점에서도 그렇게 저렴하게 공급하는 예를 본 적이 없다.

팁 - 온라인에서 상품 고르는 방법 - 경쟁도 낮으면서 이익이 되는 상품 고르는 방법

성공하려면 - 자신이 좋아하는 상품을 고르지 마라

'상품이 좋아야 살아남는다' 는 다음 편에서 자세히 이야기해 보도록 하자.

사람(Person) - 여기서 사람이라고 하는 것은 고객이 있는 온라인상의 공간일 수도 있고 상품을 공급해주는 공급사 또는 마케팅을 같이 하는 사람들, 판매를 도와주는 주변의 모든 이를 지칭하였다.

고객이 아무리 많이 모여 있는 공간에 들어가 자신만의 상품을 팔려고 하여도 공급해주는 공급사가 원활하게 물건을 공급하지 못한다면 판매는 힘들 것이다. 또한, 아무리 좋은 상품 사람들이 있다고 한들 관련된 마케팅의 기본적인 지식을 가지고 있지 않거나, 마케팅을 담당한 사람이 없으면, 상품을 판매한다는 것은 힘든 일이 될 것이다.

이렇게 하나의 상품을 판매한다는 것은 이러한 모든 사람 간의 이

해관계를 자신이 적절히 컨트롤 할 수 있는 위치, 지식을 먼저 만들어 놓는 것이다.

그중에서도 제일 중요한 것은 나의 상품 또는 지식을 사줄 사람 고객이 모여 있는 곳이 제일 중요하다고 할 수 있다.

그럼 어떻게 자신의 상품을 사줄 고객을 온라인상에서 찾을 수 있을까?

한번 고민해보았으면 한다.

마케팅(Marketing) – 마케팅 100년 전에도 앞으로 100년 후에도 있을 것이다. 사람이 살아가는 동안에 상품을 생산하고 판매하는 일들이 있는 한 없어서는 안 될 부분이라고 생각된다. 그것이 온라인이건 오프라인에서건 어떤 형태이건 겉모양만 바뀔 뿐이지 상품을 파는 구조에서는 없어서는 안 될 부분이다.

자본(money) – 자본 쉽게 이야기하면 돈이다. 상품을 팔려고 하면 팔려고 하는 상품을 매입해야 하고 사람을 고용해야 하고 마케팅을 하려고 하여도 돈이 필요하다. 이것이 필수 요소인 것 같다. 가장 중요하면서도 어려운 부분인 것은 확실하다 사업을 하며 어떠한 부분에 분배하여 효율적으로 사용할지는 매일 매일 고민도 끝이 없는 부분 중 하나인 것 같다.

그래서 필자는 위의 4가지 요소를 2PM이라고 요약하였으며 사업을 하며 가장 필요한 4가지 요소가 아닌가 생각한다.

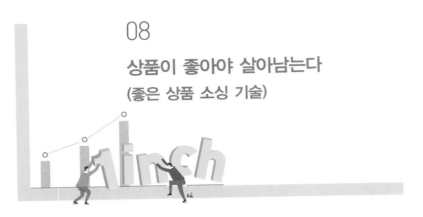

08
상품이 좋아야 살아남는다
(좋은 상품 소싱 기술)

상품이 좋아야 살아남는다

좋은 상품을 고르고 어떻게 하면 좋은 가격으로 팔지를 고민하는 것이 온라인 상품 판매의 핵심이라고 생각한다.

그러나 이렇게 중요한 일을 너무 손쉽게 가지려고 하는 경향이 있다.

실제 온라인을 처음 접하고 판매를 시작하려는 많은 분과 이야기해 보면 누구나 알고 있는 해외 사이트에서 가장 저렴한 가격으로 검색하고 이를 바탕으로 판매를 시도해 보려고 하는 분들을 많이 접하게 됩니다.

이러한 상품을 판매하였을 때 발생 되는 리스크는 생각하지 못하고 온전히 계산기에서 나오는 값으로 장사를 머릿속으로 상상하는 것이다.

A라는 물건을 5,000원에 가져오고 이것을 온라인 쇼핑몰에 15,000원에 올리면 1만 원의 이익이 생긴다고 가정한다. 그리고 이 것을 10개에서 20개를 팔면 하루 15만 원. 그리고 또 곱하기한다. 한 달이면 15 곱하기 30일 = 450만 원 그래 시작해보자.

여기서 빠진 것이 상품의 질 다른 사람은 또 어떻게 팔고 있는가, 물건이 정말 하자는 없는가, 고객의 실시간 리뷰 등을 모두 고려하지 않은 채 상품을 구매하고 상세페이지를 만들고 온라인 채널에 올린다.

과연 이러한 물 것 상품이 팔릴까??? 의문이다. 팔린다면 소비자의 반응은 반품은 어떻게 처리할 것인가.

팔릴 만한 상품을 소싱하는 가장 현실적인 방법

우리가 가장 평범하게 생각하는 방법은 자신이 좋아하는 상품을 팔아보려고 한다. 그러나 여기서 문제점이 발생한다. 이러한 상품을 고른 다음 상품을 온라인상에서 검색하여 보면 이미 대기업이나 이미 빅파워로 판매하고 있는 분들이 많이 있다.

그래서 여기에 진입하여 수익을 낸다는 것은 어려운 일이다. 그렇다고 무턱대고 상품을 고르고 구매해서 판매할 수 있는 것도 아니다.

우선 자신이 꾸준히 할 수 있는 제품군을 만드는 것이다. 그리고 여기서 현실적으로 경쟁이 덜하면서 팔릴 만한 상품을 고르는 일이 우선 되어야 한다.

그리고 물것은 구매하고 이것을 판매하는 것이다.

키워드 도구를 활용한 상품검색 방법
키워드 도구를 활용하여 상품을 찾는 방법

무엇보다 중요한 것은 자신만의 상품을 찾는 것이다. 그러나 경쟁이 치열해지고 있는 온라인 사업에서 처음 시작하는 셀러분들이 가장 고민하는 것도 상품을 찾는 것이다. 무엇을 판매해야 하는지 고민하는 일은 온라인 판매를 시작하는 누구나 겪는 일인 것 같다.

1. 온라인 리뷰단 이용하기
2. 키워드 도구 이용하기

3. 알리바바 이용하기

4. 도매꾹 등 BTOB 사이트 이용하기

5. 상품 박람회 참석하기

자신만의 방법을 찾아 상품 구매처를 확보하기 바란다.

알리바바에서 상품 이미지로 찾기

찾기에서 이미지로 찾기 부분에 찾고 싶은 상품의 이미지를 넣어 검색하면 해당 상품과 유사한 상품군을 분류하여 찾아 준다. 굳이 영어나 중국어를 못 해도 이미지로 쉽게 검색하여 해당 상품을 찾을 수 있다.

직접 바이어와 상담하기

바이어와 상담할 때 상담한 내용을 그 자리에서 핸드폰으로 찍어서 정하고 정리해도 된다. 많은 사람을 상대하다 보면 잊어버릴 때도 있다. 그 당시 상담하였던 자료가 필요할 때 이렇게 저장해 놓으면 실무에서 상당히 편하게 사용할 수 있다.

가능하면 같이한 사진 등을 가지고 있거나 명함에 직접 써서 상담 내용을 써서 보관하는 것도 중요하다. 격식을 차려야 하는 자리가 아니라면 현장에서 바로바로 정리하는 습관을 가지는 것이 중요하다.

명함과 함께 정리하기

이렇게 정리해 놓으면 향후 상담을 할 때도 신뢰감을 줄 수 있다. 모든 상품을 팔고 사는 것은 사람과 사람이 하는 것이다. 온라인이라는 공간 때문에 시간과 공간, 나라와 나라의 경계가 무너지고 있는 것이 현실이다. 그러나 이러한 노력들은 실제 거래를 할 때 중요한 역할은 한다.

1인치 디지털 마케팅으로
자동화 수익 만들기

01
내 상품 온라인 페이스북 광고로 팔아보기

등록한 상품을 페이스북 광고를 통하여 판매하려고 한다면 우선 광고 만들기부터 해야 한다.

그리고 이를 바탕으로 상품을 광고를 실제 진행해 보는 연습을 해볼 것이다.

향후 성과 테스트를 하겠지만 기본이 되는 A/B 테스트 이외에 3, 3, 1 테스트라고 만들어 보았다.

광고를 만들고 복제해서 광고 효율이 좋은 부분만 취하는 형식으로 간단하게 설명하면 효율이 좋은 광고 3개를 만들고 이 중 하나는 남겨두고 다시 광고하는 형식이다.

이번 장에서는 가장 기본이 되는 세팅을 시작해보겠다.

광고 관리자에서 광고 만들기 버튼을 클릭한다.

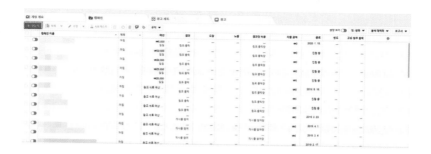

우선 좌측에 있는 만들기 버튼을 클릭 한다.

클릭을 유도할 수 있는 트래픽 광고로 진행한다.

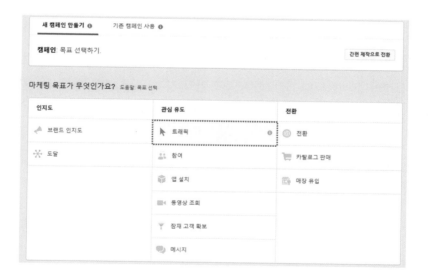

새 캠페인 만들기에서 트래픽 항목을 선택하여 설정한다.

지역 및 전체적인 세팅을 간단하게 설명하고 실제 페이스북에서 실행하며 실습해 보면 쉽게 따라 할 수 있을 것이다.

지역은 대한민국으로 설정하고 상품에 가장 구매력이 있을 만한 연령대를 예상하여 넣는다.

그리고 언어는 한국어로 설정하여 넣는다. 이것은 페이스북을 기반으로 광고를 집행하는 경우 우리나라 언어를 사용하는 사람들로 타깃의 범위를 좁히려는 의도다.

그렇지 않으면 간혹 외국인들의 트래픽이 증가하는 이상 현상이 일어날 수도 있다.

수익이 목적이 아니라면 트래픽이 증가하면 좋겠지만 트래픽이 일어나면 과금 되는 클릭형 광고 상품이라 이러한 부분을 체크 하여 설정하여야 합니다. 왜냐하면 외국인일 경우 구매 전환으로 이어질 확률이 현저하게 적기 때문이다.

노출 위치

모바일 기반으로 거의 모든 광고가 진행되는 경향을 보이기 때문에 이것은 선택 사항이다.

원하는 모바일 기기 아니면 데스크톱, 인스턴트 아티클스 등 상품의 특성에 맞추어 선택하시면 된다.

일일 예산 설정하여 진행하기

예산 및 일정 제일 신경 쓰이는 비용이다. 많은 비용을 사용한다면 당연히 트래픽이 늘어나겠지만, 확실히 구매 전환이 일어난다는 보장이 없는 상황에서 어느 정도 예산을 책정하여 진행할지 말하기는 어려울 것이다. 상품의 특성과 시즌 그리고 주 단위, 작게는 하루에도 아침과 저녁에 따라 다르게 나타나는 구매율을 파악하여 비용을 책정한다는 것은 아주 스트레스 받는 일이 아닐 수 없다.

그래서 필자는 금액을 정하여 3, 3, 1이라는 패턴을 적용하여 광고를 집행하는 방법을 주로 사용한다. 다음 장에서 자세히 다루고 우선 하루 1만 원에서 3만 원을 기준으로 광고를 집행해 보도록 세팅을 하는 것을 권장한다. 경험에서 나온 데이터이므로 주관적일 수 있다. 통상 적은 예산으로 진행하는 1인 기업인 경우 대기업이나 중견기업처럼 예산을 집행할 수 있는 상황이 아니라고 생각된다. 그래도 최소한 1만 원에서 3만 원 기준을 잡아야 광고 도달을 달성할 수 있는 최소한의 조건이 아닐까 생각한다.

대표 계정을 선택하고 단일 동영상 항목을 클릭하여 선택한다.

문구 넣는 팁 - 어디에 문구를 넣는다는 것도 중요하지만 어떤 카피 사용하느냐에 따라 구매전환율이 달라진다. 아마 하나의 챕터로 따로 만

들어 다루어도 될 만큼 중요한 부분이라 말할 수 있다. 현재도 항상 고
민하고 어떻게 하면 좋은 카피를 만들까 하고 생각하고 있다.

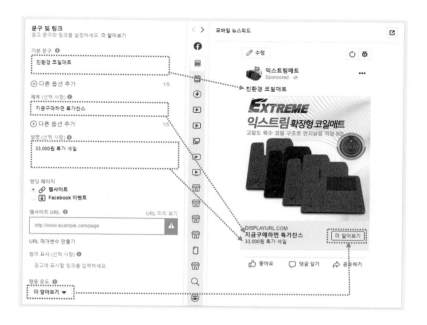

광고 성과를 내기 위한 과정

1인치 마케팅 속으로 들어가야 살아남는 시대

페이스 광고 영역뿐만 아니라 이제 구매 전환환경이 모바일에서

90% 이상 이루어진다는 사실은 굳이 이야기하지 않아도 잘 알 것이다. 주위의 지인이나 가족 심지어 자신조차 온라인 구매 시 핸드폰 앱에서 구매를 하기 시작하였다는 것을 느낄 것이다. 그렇게 우리의 생활패턴이 바뀌었다.

그러면 여기서 이야기하는 1인치 마케팅은 무엇인가?

위의 사례를 보면 알겠지만 광고 카피를 만들어 사용할 때 사용자 화면에 보이는 부분을 3~4센티 이내에 이루어진다. 1인치가 2.54cm인 것을 감안하면 거의 비슷한 크기이다. 그래서 필자가 이러한 부분을 1인치 마케팅이라고 선언하고 이 부분을 제일 강조하는 것이다(스마트폰에서 할 수 있는 모든 마케팅 방법 또는 행위를 1인치 마케팅이라고 규정함). 이 부분에 모든 것을 나타내야 한다. 단적인 예로 예전에 가격비교 사이트가 한참 유행하던 때가 있었다.

이때는 거의 PC를 기반으로 온라인이 활성화되었을 때다. 큰 화면에서 여기저기 쇼핑을 하면서 가격도 비교하고 그러한 비교 환경이 물리적으로 가능하여 한참 유행한 적이 있었다.

모바일 환경에서 쇼핑하고 싶어도 스마트폰의 사양이 따라 주지 못하였던 시절의 모습이다.

그러나 지금 출시되는 스마트폰은 높은 사양의 모발일 게임도 운영할 정도로 비약적인 발전을 하였다. 이러한 물리적 변화가 소프트웨어의 개발을 더욱 가속화 하였으며 이를 바탕으로 더 이상 고정된 자리에서 하는 게임 쇼핑이 아닌 스마트폰에서 하는 게임 쇼핑 뉴스 동영상 등을 검색하고 즐기게 되었다. 그래서 1인치 마케팅이 중요한 것이다. 더 이상 소비자는 가격 비교를 하는 사이트에 들어가지 않는다. 직관적으로 뿌려지는 광고에 즉각 반응한다.

내가 필요하다 싶으면 손안에서 바로 클릭한다. 그리고 구매 버튼을 누르는 순간 저장되어있던 기존에 사용하였던 카드 결제수단이 바로 구동된다. 그리고 바로 구매할 수 있는 환경이 구현된다.

숫자 혹은 특수문자 몇 개의 조합의 비밀번호만 누르면 간단한 기재만으로 기존에 구매했던 위치까지 저장되어 있던 데이터를 기반으로 쉽게 근처로 배달된다는 메시지를 받을 수 있다.

예전처럼 다시 주소를 쓰고 인증을 받고 하는 번거로운 일들도 한번에 해결하는 시스템이 개발되어 한층 쉽고 빠르고 쉽게 쇼핑하게 만들어 준다. 이러한 환경은 2020년을 기점으로 점점 가속화될 것이라고 예상된다.

우리는 이 시점에서 다시 한번 생각해 보기로 한다. 나는 어떤 위치에 있어야 하는가? 답은 하나일 것이다. 온라인상에서 자신을 알리고 유형의 상품이건 무형의 상품이건 파는 사람이 되어야 한다.

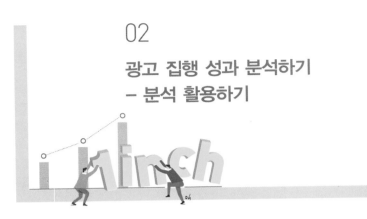

02

광고 집행 성과 분석하기
– 분석 활용하기

　　　　　페이스북 광고 관리자에서 우측에 설정 선택한다.

기본 설정값으로 성과와 클릭률을 분석할 수 있는 도구가 나온다.

CPC = 링크 클릭당 비용

CTR = 링크 클릭률

CPC 전체 등 광고 링크 클릭률을 분석하여 준다.

이를 바탕으로 여기서 링크 클릭률을 분석하여 자신만의 지표를 만들어 보면 될 것이다.

여기서 꼭 이보다 높다 낮다는 기준뿐만 아니라 실제 광고를 집행하고 자신의 수익과 관련하여 수익이 발생하면 광고를 집행하고 아니면 광고를 비활성화시키고 집행한 광고를 분석하는 준비 작업에 들어가야 하는 것이다.

강한 자만이 살아남는다

3.3.1 테스트–강한 놈만 골라 광고해 보기

위에서 A/B 테스트를 통하여 고객 유입과 구매 전환율이 놓은 광고를 택하는 방식이라면 3.3.1 테스트 방식은 위 방식에서 살아남은 선택된 광고를 복사하여 3개를 만드는 것이다. 그리고 이렇게 만든 각 각의 광고를 실행하여 분석한 결과 제일 도달과 구매 전환율이 좋은 광고 형식을 골라냅니다. 그리고 여기서 똑같은 방법으로 3개를 복사하여 집행하고 이 중에 제일 광고 효율이 높은 하나를 선택하여 선택된 광고를 가지고 최종적으로 광고를 집행하는 방식이다.

이렇게 여기서 처음에 3개의 광고 세팅을 5개 또는 10개 이것은 각자의 상품 그리고 집행할 수 있는 광고비용을 감안하여 실행해야 한다.

모든 마케팅의 방식은 정답은 없다. 이러한 방식도 어떤 상품에는 맞는 것도 있고 어떤 상품은 맞지 않는 경우도 있다.

그러나 이렇게 해보는 동안 자신만의 인사이트를 수집하고 또 다른 방법으로 실행해보고 좋은 광고 효율이 나오는 것을 실행하는 것이다.

어디까지 해봤는가 하는 것은 각자의 몫이라고 생각한다.

광고 금액을 테스트하거나 광고의 카피를 여러 가지로 테스트하는 방식도 있다.

조합하면 정말 여러 가지 방식이 나오고 존재한다. 여러분도 자신만의 방식을 찾아내어 자신에게 맞는 테스트 방식을 가졌으면 한다.

이는 페이스북에 국한되지 않고 구글 광고, 이제는 유튜브에도 광고할 수 있는 시대가 왔다. 이러한 다양한 채널에도 적용하면 된다.

아무리 로직이 바뀌어도 본질은 바뀌지 않는다고 생각한다. 더 많은 경쟁을 할수록 광고 단가는 올라간다. 소비자는 생각하는 것은 저렴하고 좋은 품질의 상품이다. 이러한 것을 찾기 위해 검색을 하고 광고를 클릭한다. 역으로 이러한 관점에서 생각하고 광고를 실행하는 방식을 찾아낸다면 아무리 복잡한 로직이 나온다 하더라고 금방 적응할 수 있다고 생각한다.

함께 만들어 가고 풀어가는 장이 되었으면 한다. 협업을 통하여 함께하는 장도 마련되어 있다. 이렇게 협업을 통한 동반성장을 목표로 자사몰도 만들었다. 궁금한 사항이나 함께하고 싶은 분들이 함께할 수 있는 장소를 만드는 것이 필자의 몫인지도 모른다.

협업을 통한 동반성장 – 상승몰 https://ssmall.biz/

3.3.1 테스트 참고 화면

03
어려운 수익률 분석 만 원짜리
한 장으로 끝내기(1분 안에 끝내기)

수익률 분석 1분 안에 끝난다고 한다는 것은 업무 효율을 높이기 위한 것이다.

우리가 페이스북으로 광고를 진행하고 판매를 할 때 가장 많은 질문을 하는 것이 광고 진행 다음으로 이 부분일 것이다.

처음부터 지름길로 가라는 이야기가 아니다.

처음에는 ROAS(Return On Ad Spend) '광고비용 대비 수익'에 대한 기본적인 수치 분석을 공부하고 광고비를 집행해 보고 자신만의 인사이트를 만드는 것이 중요하다. 그러나 여기서는 한 가지 예를 보여 드리는 것이다. 이러한 방법도 있구나. 나는 어떤 방법으로 하면 제일 괜찮을까. 자신만의 방법을 찾는 예로 알아보고 참고하는 방향으로 하는 것이 좋을 것이다.

필자는 수익률 분석을 자금의 흐름으로 분석한다. 수익률 분석과 성과 와 자금 집행의 성과를 합하여 분석한다. 우리는 결국 수익을 만들려고 매일 광고를 진행하고 이에 따를 인사이트를 수집하는 것이다.

그러나 수익률 분석이 주 업무가 되어서는 안 된다고 생각한다. 그래서 가장 효율적인 방법인 것 같이 아래와 같은 방법으로 정리해 보았다.

여러분도 한번 경험해보고 더 좋은 방법을 찾아보고 더 좋은 방법이 있으면 함께 공유했으면 좋겠다.

왜 1인 기업 또는 소규모 판매업자에서 이렇게 빠른 광고 수익률이 필요할까?

참고 자료 출처 : 서범석(2010) "현대광고기획론" FCB 그리드 모델을 보면 "심리학적 이론"을 근거로 소비자의 심리학적 이론을 기반으로 무의식적 사고와 간접적인 정서에 따라 충동적으로 제품을 구매하는 예측 불가능한 존재로 본다고 한다. 그러나 우리는 지금 단기간에 제품을 홍

보하고 이에 따른 수익을 매일 또는 순간순간 분석해 적용해야 하는 상황이다.

수익률을 따로 분석하는 부서가 있는 것도 아니고 광고 수익률에 따른 광고 집행 카피 또한 우리가 직접 만들어 바로 적용해야 한다.

그래서 더욱 직관적으로 판단해야 한다고 생각한다. 솔직히 집행할 광고비가 그렇게 풍부한 것이 아니다. 물론 광고비를 제품 단가에 포함하여 사용한다는 기본적인 마인드를 버려서는 안 되지만 이 또한 무한한 것은 아니다.

재료비가 올라가면 당연히 경쟁력은 없어지는 것이니까.

그럼 실제 사용한 예를 들면서 설명해 보겠다.

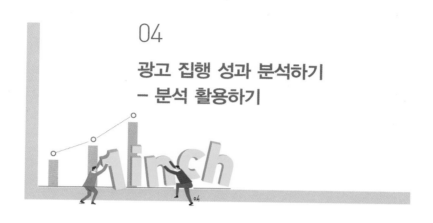

04

광고 집행 성과 분석하기
- 분석 활용하기

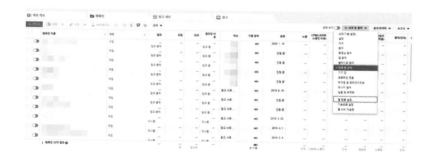

기본 설정값으로 성과 와 클릭률을 분석할 수 있는 도구가 나온다.

CPC = 링크 클릭당 비용

CTR = 링크 클릭률

CPC 전체 등 광고 링크 클릭률을 분석하여 준다.

이를 바탕으로 여기서 링크 클릭률을 분석하여 자신만의 지표를 만들어 보면 될 것이다.

여기서 꼭 이보다 높다 낮다는 기준뿐만 아니라 실제 광고를 집행하고 자신의 수익과 관련하여 수익이 발생하면 광고를 집행하고 아니면 광고를 비활성화시키고 집행한 광고를 분석하는 준비 작업에 들어가야 하는 것이다.

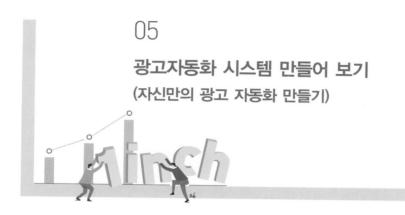

05
광고자동화 시스템 만들어 보기
(자신만의 광고 자동화 만들기)

광고 자동화 시스템 / 우리가 여기서 눈여겨볼 것은 자신이 어떠한 시스템을 사용하건 이제는 광고 홍보 또한 자동화 / 전문 대행사가 있어 언제든지 광고를 집행하고 수익에 따라 광고비를 책정하여 운영하는 것이 엄청나게 편해졌을 뿐 아니라 이러한 광고 집행 후 사용자의 구매 형태를 분석하여 또 다른 광고를 만들 때 기존의 광고 집행 데이터를 이용하여 좀 더 효율적으로 광고를 집행할 수 있다는 점이다.

우선 우리는 페이스북 광고 시스템에 관하여 알아보고 이것을 바탕으로 어떻게 광고를 만들고 자동화하여 관리하는지 알아보았으면 한다.

향후 이를 바탕으로 네이버에서 하는 광고 시스템, 인스타그램 광

고 시스템, 구글 애드워즈,

2019년 하반기에는 유튜브에서도 본격적으로 광고 시스템을 적용하기 시작하였다.

유튜브의 이러한 비약적인 발전은 과히 놀랄만하다. 단순히 개인이 콘텐츠를 만들어 방송하고 이를 기반으로 광고 수익을 받아가는 소극적인 방향에서 제품을 판매하고 싶은 제조사 혹은 1인 기업가 / 소상공인 / 혹은 개인도 누구나 광고에 참여할 수 있으며 적은 금액에서 광고를 집행할 수 있다는 장점과 이제는 유튜브가 콘텐츠를 송출하는 기능에서 정보를 검색하고 여기에 나오는 모든 물건, 혹은 상품들이 실제로 거래될 수 있는 장치를 더하여 점점 몸집이 커지고 있다고 생각한다.

그럼 우리는 왜 페이스북을 기반으로 광고 시스템을 배워야 하는가?

혹자들을 페이스북은 나이든 어른들이나 하는 사진 일상을 알리는 블로그로 생각하고 있는 분들이 있는데 이러한 생각을 바꾸어 봤으면 한다.

실제 광고구매율이 매우 높은 시장 중 하나인 것은 분명하다.

페이스북은 인스타그램을 연동하여 아주 훌륭한 광고 시스템을 운영하고 있다. 자신의 상품을 구매할 수 있는 여지가 많은 사람들을 기반으로 광고하고자 하는 사람이 세팅해 놓은 값을 기반으로 실제 페이스북을 사용하고 있는 사용자에게 직접 간접적으로 광고를 노출하여 상품 판매에 적지 않은 영향을 미치고 있다.

이러한 정교한 고객 데이터를 기반으로 광고를 집행해주는 시스템을 개인에게 제공한다는 것은 대단한 일이라고 생각된다. 대기업에서나 하는 마케팅 기법이 개인에게도 전파되는 것이다.

전 세계 10억 명이 사용하는 데이터를 어떠한 로직에서 광고를 집행하는지는 아무도 알 수 없지만 정말 진화된 인공지능 알고리즘 통하여 광고를 집행하고 이러한 데이터를 기반으로 광고를 진행한다.

우리는 이렇게 하나의 시스템을 익히고 난 후 여기서 얻어지는 데이터를 기반으로 네이버, 다음, 구글 등에도 광고를 진행하고 이를 기반으로 광고자동화를 만들 수 있다고 생각된다.

위에 세팅하는 부분이 겹치는 부분이 있지만 다시 한번 숙지하는 개념에서 넣었다.

수익 자동화 페이스북 광고 만들기

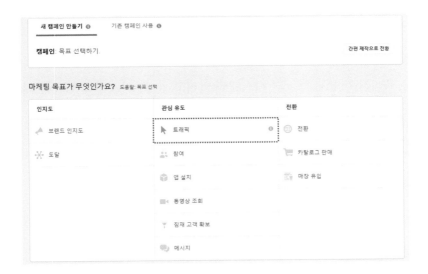

트래픽 광고 만들기

팁 – 트래픽 광고 만들기와 참여형 광고 만들기의 차이점 알아보기

페이스북 광고 만들기 중 트래픽 광고 만들기와 참여형 광고 만들기를 잘 알고 진행해야 한다. 대부분 비슷하게 생각할 수 있으나 광고를 만들고 광고가 도달하는 방식에 많은 차이가 있다.

우선 트래픽 광고를 집행한 후 고객이 링크 클릭 잘하는 고객을 대상으로 광고를 도달시킨다.

예를 들어 구매 전환을 요구하는 광고일 경우 트래픽을 이용하여 광고를 생성하고 만드는 것이 유리할 것이다.

반면 참여형 광고 만들기는 페이스북에서 좋아요, 공유를 위주로 광고를 도달시키는 경향이 있다.

이것은 광고를 집행하고 좀 더 많은 고객에게 전달 되도록 하는 광고를 집행할 때 더 유리할 것이다.

이것은 광고 만들기를 사용하여 광고를 만들었을 때 일어난 이후 과정이라고 할 수 있다.

여기서 팁 한 가지 더 알려 드리면

페이지에서 홍보하기를 누르면 어떠한 효과가 나타날까? 의문을 가지는 분들이 있을 것이다.

트래픽 광고 만들기 완성하기

트래픽 광고의 타깃 만들기

가장 기본적으로 세팅해야 하는 사항

맞춤 타깃 – 기본으로 세팅

위치 – 대한민국(우선 국내의 상품을 판매하는 것을 기본으로 설정한다.)

위치는 자신의 상품의 성향에 따라 전국적으로 판매해야 하는 상품이라면 대한민국 전체로 세팅하여 놓는 것을 권장한다.

자신의 상품이 어디에서 어떻게 광고에 반응을 보이고 최소한의 인사이트를 얻은 후에 세부적으로 세팅하여 본다.

연령 / 실제 구매 의사가 있을 만한 모집단의 연령을 기입한다.

성별 / 우선 전체를 기본으로 구성한다. 특정 상품인 경우 남성 여성을 구분하여 설정.

언어 / 한국어 –

이 부분은 놓치고 가기 쉬운데 한국어라고 꼭 설정하고 가는 것이 유리할 것이다.

페이스북을 사용하는 사람 중 외국인이 차지하는 비중이 상당하다. 우리는 한정된 광고비를 가지고 광고를 집행하는 것이다.

최소한의 자금을 가지고 최대한의 효과를 가지기 위해서 한국어를 사용하는 사용자만을 타깃으로 선정하는 것이 좀 더 유리하다고 판단된다.

상세 타겟팅

실무에서 많이 사용하는 상세 타겟팅 꿀팁

세부 세팅 자세히 알아보기

예를 들어 자동차용품을 판매하는 분이라면 어떻게 세팅하는 것이 좋을지 알아보자.

상세 타겟팅 중 인구학적 통계를 기반으로 하는 첫 번째 란에 운전이라는 단어를 입력하면 이에 관련된 타겟팅 단어들이 나열된다. 이를 기반으로 관련된 추천 용어를 클릭하여 선택한다.

오른쪽 란을 보면 관심사 – 그리고 타깃의 규모도 나타나 있다. 12시 방향에 오는 것이 좋다.고 하는 분들이 있지만 약간의 차이가 있더라도 녹색 범위 안에 있다면 실행해보자.

중요한 부분은 다음으로 선택된 타깃을 좁히는 기능이다.

현재 온라인으로 구매를 유도하기 위하여 광고를 만들고 있으므로 온라인에서 구매성향이 높은 집단을 선택한다면 좀 더 좋은 구매

전환율을 기대할 수 있을 것이다.

세팅 방법

타깃 좁히기를 선택한 다음 '구매'라는 단어를 입력하면 다음과 같이 구매에 관심을 보인 사람이라는 항목이 나온다. 이것을 선택하여 상세 타겟팅을 하면서 타깃의 범위를 구매에 관심을 보인 사람들 선택하는 것이다.

상세 타겟팅에서 이 부분을 자신의 상품에 맞게 좀 더 생각한다면 구매전환을 높이는 또 다른 방법이 될 것이다.

중요한 것은 이렇게 자신만의 광고를 집행하고 여러 가지 방법으로 세팅하여 가장 효율이 좋은 광고 세팅 방법을 찾아내는 것이다.

이러한 데이터가 많이 확보된다면 다른 광고를 진행할 때 좋은 자료가 될 것이다. 그리고 이러한 세팅은 정해져 있는 것이 아니다.

A라는 사람과 B라는 사람이 위와 같이 똑같은 설정을 한다 하더라도 도달되어 구매로 전환 되는 비율 / 수익률은 다를 것이다.

하지만 여러 번의 광고 진행을 해보고 여러 가지 데이터를 얻어 가장 효율이 좋은 부분을 찾아가야 한다.

예산 정하기

페이스북 광고 만들기에서 가장 고민하는 부분 중 하나가 광고 예산을 어떻게 정하느냐 하는 것이다.

이것은 적은 예산을 가지고 광고를 해야 하는 분이나 많은 예산을 집행하는 분이나 금액의 차이가 아니라 실제 자신의 자금이 투입되는 부분이기 때문에 매우 신경 쓰이는 부분이다.

06
온라인에서 광고비는 재료비로
생각해야 살아남는다

온라인에서 사용하는 광고비를 별도에 개정을 생각하지 말고 상품에 재료비로 치환해서 정의하고 운영하면 좋을 것 같다고 생각해서 다음과 같이 광고비를 재료비로 책정하고 사업을 진행하라는 것이다.

이 넓은 온라인 세상에서 자신만의 쇼핑몰을 만들고 아니면 스마트 스토어를 개설하고 상품을 올렸다고 가정하자. 과연 오프라인 매장처럼 목 좋은 곳에 있는 매장이나 유동인구가 많은 매장처럼 나의 쇼핑몰, 스마트 스토어에 고객이 방문해 줄까?

이 부분에 대해서는 우리가 생각해 볼 여지가 있다. 온라인에서는 광고를 통하여 직간접적으로 자신의 온라인 매장을 알리는 것이 우선이다. 그래서 처음 시작하시는 온라인 셀러분들에게 당부하고 싶은 이야기는 이처럼 광고비를 단순히 광고비라고 책정하고 사용한다면 지속적으로 관리하지 못하고 처음 성과가 없을 때 실망하고 다음부터 광고비를 적게 책정하거나 일시적으로 책정하여 운영하는 것이다. 이러한 현상을 방지하기 위하여 일정 부분 재료비로 생각해서 예산 편성을 하고 운영했으면 한다.

온라인에서는 광고를 진행해야 어떤 고객층이 나의 상품에 반응을 보이고 상세페이지까지 유입되어 와서 상품을 구매하는지 아니면 구매하지 않고 유입만 되고 나가는지 알 수 있다.

그런데 단순히 광고비로만 책정해 놓는다면 이러한 데이터가 모이기도 전에 광고 조차 하지 않고 데이터를 모을 최소한의 광고조차 하지 않는 셀러분들을 많이 보았다.

그래서 온라인 쇼핑몰을 운영하기 전 꼭 광고비를 재료비로 책정하여 일정 기간분의 자금을 확보해 놓는 것을 권장한다.

다시 일일 예산으로 돌아가 그럼 하루 예산을 얼마로 책정해야 하는가 하는 문제에 놓일 것이다.

권장하는 것은 하루 2만 원에서 3만 원 정도이다. 이것으로 우선은 고객의 성향을 파악하고 내가 만든 상세페이지의 효율을 체크 하는 것으로 하는 것이다.

이것은 완성도 있는 광고가 만들어졌다는 가정하에 이야기하는 광고 예산이고 이전 테스트는 더 적은 금액으로 해보는 것도 좋은 방법 중 하나이다.

그러나 이렇게 광고를 진행하면서 얻어지는 자료를 가지고 상세 페이지도 광고 카피도 좋은 방향으로 바꾸어 나가다 보면 아래의 예처럼 상상만으로도 즐거운 구매 경험도 할 수 있을 것이다.

광고 예산 정보

우리가 사용하는 페이스북에서 광고 금액 대비 효율에 대해서 알 아보자

대략 필자가 사용해 본 경험을 바탕으로 일일 광고 예산에 대한 효율이라고 이야기하기보다 적절한 단어가 생각이 나지 않는다.

설명하자면 하루 2~3만 원 정도면 일정 부분 노출될 수 있는 최소한의 금액이라고 볼 수 있고 이보다 적으면 도달 자체가 힘든 경우가 많다. 경험으로 얻은 데이터를 기반으로 설명하자면 3만 원을 기준으로 광고를 진행하였을 때는 예를 들면 자신의 쇼핑몰 상품과 같은 종류의 광고와 경쟁할 수 있는 기준 금액의 수준이라고 생각할 수 있을 것이다. 더 많은 금액을 집행하면 상위로 올라갈 것이지만

이 부분은 수익률 분석과 도달률 분석, 구맨 전환율까지 생각하여

나중에 조정해야 할 것이다.

광고비를 무한정 올린다고 이것이 더 많은 도달을 이루는 것도 아니고 또 이것이 구매전환까지 이어지는 것은 알 수 없는 일이다. 정비례 곡선으로 증가하는 것이 아니기 때문에 각자의 상품에 맞는 금액을 찾고 근접한 광고비용을 찾는 것도 온라인 판매에 있어서 중요한 부분이라고 말할 수 있다.

많은 사람들이 온라인에 상품을 올리는 기술을 이야기하나 이것은 기본적으로 진행하면서 책정된 광고비를 어떻게 효율적으로 사용하느냐가 더 중요한 문제로 생각하고 체크하면 좋겠다.

필자도 쇼핑몰을 운영하고 온라인 마케팅을 공부하며 이러한 부분이 제일 궁금했지만, 일반 서적에는 광고비 세팅하는 방법론만 이야기하는 곳이 많아 이렇게 상품을 직접 팔아보고 이것을 기반으로 광고비를 어떻게 책정하는 것이 가장 좋을지 알아보았으면 한다. 지금은 부족한 점이 많지만 앞으로 같이 고민하고 또 이러한 부분들을 좀 더 연구하고 같이 협업하여 좋은 정보를 공유하고 발전시키는 것이 이 책을 쓰는 이유이기도 하다.

필자가 제시한 부분은 온라인 마케팅의 한 부분이라고 생각한다. 이것이 정답은 아니지만 이러한 방법으로 판매 자동화를 만들 수 있는 인사이트를 얻었고 또 다른 방법을 연구하고 같이 찾아 나가려는 분들과 같이 협업하고 모여서 더 많은 시너지 효과를 만들었으면 좋겠다고 생각한다.

01
평생직장이 사라지는 시대
(판매 자동화 시스템으로 월 1000만 원 만들기)

평생직장이 사라지는 시대라는 이야기가 나온 지도 꽤 오래전 일이다. 2019년 현재 우리가 살고 있는 대한민국 과연 한 가정에 가장 아니면 결혼을 생각하고 있다면 혼자서 직장에서 받는 월급으로 가정을 꾸리고 온전하게 여가를 즐기며 살아갈 수 있을까?

우리가 지금까지 해왔던 온라인으로 수익을 내는 방법을 배워 왔듯이 여기서 이야기하는 것은 직장을 그만두고 당장 온라인 사업으로 전향하자는 이야기가 아니다.

위의 시스템을 배우고 익힌다면 어떠한 직장에 있건 온라인으로 사업을 하든 오프라인에서 사업을 진행하든 아니면 조금만 식당을 창업하든 위의 시스템을 적용하여 사업을 발전시킬 수 있다고 생각하기 때문이다.

현장에서 17년 넘게 수많은 오프라인 매장을 오픈시키고 이후에 성장 과정을 지켜보았다. 어떤 분들은 정말 우리가 상상할 수 없을 정도로 매출 규모가 커져서 너무 부러울 때도 있었다.

그런데 대부분의 창업자들이 5년 정도 지나서 그 사업을 어떤 이유에서 접었다는 이야기를 들었을 때 과연 그 문제가 무엇일까 고민해 본 적이 있다. 필자도 같은 이유로 건강이 문제이건 사업상 자금 흐름이 문제이건 문제가 생겨 수입이 없을 때 이러한 것을 생각하고 돌파구를 찾다 우연한 기회에 찾은 것인 온라인 마케팅, 판매였다.

마케팅을 효과적으로 달성하기 위해 E. 제롬 매카시 교수가 처음 소개하였던 마케팅 믹스는 Product(제품), Price(가격), Place(유통), Promotion(판촉, 홍보)로 구성되어 있다. 그래서 마케팅이나 창업을 준비하는 분들이 가장 많이 접하는 글자도 이글 합쳐놓은 4P일 것이다.

이러한 요소는 오늘날에도 여전히 중요한 요소로 자리 잡고 있다. 그러나 온라인이 이렇게 활성화된 지금에 시대에서 조금 더 요구하는 조건은 무엇일까?

바로 이것을 컨트롤할 수 있는 힘이다. 이것은 앞에서 이야기한 편집력과도 어느 정도 통하는 단어이기도 하다. 위의 요소를 내가 통제할 힘을 늘린다면 어떠한 분야에서 있건 간에 상품을 판매하여 수익을 내는 구조로 만들 수 있는 것이며, 자기분야에서 영향력을 발휘할 수 있을 것이다.

상품의 가격은 벌크로 판매할 때보다 높게 책정할 수 있는 기술이나 지식을 가지고 이에 맞는 제조사와 협력할 수 있는 관계를 유지하면서 자신의 제품을 리브랜딩하여 타사보다 경쟁력 있게 판매하는 것과 효율적인 광고 진행으로 광고비를 적게 투입하여 높을 효율을 올린다면 이 또한 가격을 통제할 힘이 생기는 것이고 경쟁에서 살아남을 수 있는 확률을 높이는 것이다.

유통 – 이제는 제조와 소비를 둘로 나누는 시대는 지나갔다고 본다. 소비자가 곧 제조 유통까지 할 수 있는 시대이다. 유튜브를 예로 들면 이전에 영상을 찍거나 편집하려면 수천만 원에 달하는 장비 또는 수억 원에 달하는 편집 장비와 인력이 있어야 가능하였다.

그러나 지금은 스마트폰 하나면 누구나 어디에서 영상을 찍고 방송할 수 있다. 그리고 이것을 바탕으로 많은 구독자를 가진 사람은 억대의 연봉을 넘어서 이젠 스타 반열에도 오르는 시대이다.

영상을 제조하고 소비하는 사람이 꼭 정해져 있는 것이 아니라 소비자가 곧 영상을 제작하는 제작자인 시대인 것이다. 상품을 유통하는 것도 마찬가지라고 생각한다.

앞에서 이야기한 스마트 스토어를 단편적으로 예를 들었지만 이젠 간단하게 사업자등록과 통신판매업 신고하고 자신만의 상품을 네이버에 올리고 판매할 수 있다. 예전처럼 쇼핑몰을 만들려고 자본을 투자하거나 관리 시스템을 만들려고 투자하지 않아도 거의 완벽하게 이러한 제반 사항을 지원해 주고 있다.

더불어 이야기하면 결제 시스템, 배송 시스템에 많은 비용을 투자하지 않아도 자신만의 플랫폼처럼 사용할 수 있다는 것이다.

홍보, 판촉 또한 위와 같이 개인이 전문적인 마케팅팀이 없어도 조금만 노력한다면 1인 기업 혼자서 충분히 감당하고 처리할 수 수준까지 다가와 있다.

우리는 이것을 바탕으로 상품을 유통 판매하면 된다. 이러한 좋은 시대 실로 누구나 돈 벌기 쉬운 세상에 살고 있는 것이다.

이러한 일들을 더욱 더 발전시킬 수 있는 기반 또 하나는 스마트폰

제어시스템인 것이다.

여기서 말하는 1인치 마케팅 또한 여기서 비롯되었다. 누구나 들고 다니는 스마트폰으로 페이스북의 광고 시스템을 제어하고 소비자의 반응을 보고 체크 하여 가까운 커피숍에 들어가 카피를 생각하고 수정하여 올리고 들어온 상품의 주문을 확인하고 상담까지 진행할 수 있다.

이것을 2.54cm 안의 작은 액정 화면에서 처리하면 되는 것이다.
언제 어디서나 누구나 배우고 익힌다면 자신만의 좋은 시스템을 손안에 가지는 것이다.
평생직장이 살아지는 시대 월 1000만 원 버는 마케팅 시스템을 여러분도 가졌으면 한다.
스마트폰 1인치 마케팅 시스템은 자신의 노동력은 최소화로 들이고 효율은 극대화하는 것이다.

그러나 현장의 많은 셀러분들이나 상품을 제조하는 분들을 만나보면 시스템을 구축하는 것이 아니라 자신이 하고 있는 분야에만 국한되어 일을 진행한다.
실제 어떤 제조업체 사장님은 직원들의 의견을 무시하고 새로운 시제품을 만드는데 하반기 자금력을 쏟아붓는 경우도 보았다. 옆에서 훈수를 두는 사람이 잘 보듯이 지금은 새로운 상품을 소싱하고 이를 더 키워 나가야 하는 시기인데 다른 일에 매달려 있는 것을 보았다. 결과는 당연히 힘든 시장 상황과 맞물려 그리 좋지 않은 상황을 만들고 말았다.

여기서 또 중요한 비즈니스 모델링 이야기를 하지 않을 수 없다. 이렇게 사업을 하다 보면 예기치 않은 변수들이 많이 나온다. 이러한 것을 방지하기 위한 최선의 선택이 비즈니스 모델링이다. 이러한 회사에서 비즈니스 모델링을 처음부터 만들고 공유하여 사업이 진행되었다면 처음 매끄럽게 진행되던 사업의 방향이 일관성 있게 진행되었을 것이다.

모든 일이 그러하듯 어떤 일을 할 수 있는 좌표가 있는 것과 없는 것은 차이가 분명히 존재한다.

나 또한 이러한 일 책을 쓰고 마케팅을 교육하고 식품 브랜딩을 하는 일련의 과정들은 초기에 만들어 놓은 비즈니스 모델링을 기초로 하고 있다.

물론 사업을 하며 나가는 중에 일부가 변경되는 일이 있어도 전체적인 틀과 기본은 유지하고 있다.

그리고 이러한 것은 실제 테스트 그리고 검증의 단계를 거치고 여기서 확인된 것만 선택하여 진행한다. 다른 더 좋은 수익원을 만들자는 제안이 있어도 사회적인 가치 처음 만들어 놓은 비즈니스 모델링이 부합되지 않는다면 또 다른 이익이 있어도 취하지 않는다. 이것은 여러 시간 동안 검증한 결과이고 이러한 결정들이 결과적으로 이익이 있었으며, 실직적인 성공을 가지고 왔다는 것을 인지하고 있기 때문이다.

02

50만 원씩 10개 제품이면
월 수익 500이다

"제품 20개만 만들기"라고 처음 목표를 세우는 것부터 시작하자. 처음에는 한 가지 제품을 올리는 것이다. 이것을 올리기 위해서는 앞에서 이야기한 전반적인 일들을 인지하고 내 것으로 만드는 노력이 필요하다. 그 다음은 그렇게 어렵지 않게 진행되리라 생각한다.

예를 들어 처음 상품을 올릴 때는 상세페이지도 만들어야 하고 외주를 줄 곳도 찾아봐야 하는 일들이 큰 산처럼 느껴질지 모른다. 그러나 이 모든 것은 사람이 하는 일이다. 안 되는 일이 아니다. 그리고 하나의 상품을 올리고 광고 진행하고 판매하는 훈련까지 하였다면 다음 단계로 넘어가는 것이다.

만약 이러한 단계가 순조롭게 되지 않았다면 조금 시간이 걸리더라도 천천히 하나의 상품을 올려 보는 것을 권한다.

왜? 한 번에 10개의 상품을 올려서 판매하면 되는데 굳이 한 개만을 올리라고 하는가? 하는 의문점을 가질 수 있을 것이다. 물론 자신의 능력이 뛰어나 10가지 이상 되는 상품을 올릴 수 있다면 그렇게 하면 된다. 그러나 이것은 초보 셀러분들이 하고자 하는 일의 본질에서 벗어나는 일이라고 생각된다. 만약 10개의 상품을 등록했다고 하자. 정말 운이 좋게 올린 다음 날부터 잘 팔렸다고 가정하자. 기쁠 것이다. 이대로만 된다면 하고 기대에 차서 운영할 것이다. 그러나 다시 한번 생각해 본다면 운영할 자금도 준비되어 있어야 한다.

예) 공급가 3만 원짜리가 하루 20개 나갔으면 = 60만 원. 그러면 네이버 스토어팜이나 옥션 열흘 정도 나갔다면 120만 원x10일 = 1200만 원의 구매비용 있어야 한다. 그런데 10개의 제품이 어떤 건 1개. 다른 건 15개. 이제부터 머리가 아프기 시작한다.

그래, 자금은 마련되었다고 치자. 10개 제품 중 2개는 불량률이 너무 많아 반품이 들어오기 시작한다.

고객들의 CS는 시간을 가지지 않고 들어온다. 어떻게 처리할 것인가. 너무 빨리 제품을 올려 제품의 테스트할 시간을 가지지 못한다면 정작 판매한 후 그 피해는 판매자에게 돌아오고 만다.

그래서 이러한 문제점을 고객에게 어떻게 설명할지 어디까지가 고객의 책임이고 나의 책임인지도 이야기하지 못할 상태가 나타날지도 모른다.

반품되는 불량은 곧바로 적자로 잡힌다. 어떻게 처리할지 아직 생각하기도 전에 재고부터 쌓일지도 모른다. 이것이 최악의 시나리오가 아니다. 처음 온라인 판매를 하는 분들이 겪는 일반적인 일이라는 것이다. 그래서 10개의 제품을 만드는 일은 계단에 오르듯 하나하나 만들어 나가는 과정을 거치자는 것이다.

샘플 테스트도 하고 상세페이지도 외주 줄 곳도 마련해 두고 직접 처리할 것은 직접 처리하고 제품 사진 찍는 곳도 알아봐 두고 거래도 해놓는다. 이렇게 자신의 주변을 온라인 판매할 수 있는 최적은 환경으로 하나하나 만들어 내는 것이다. 그러다 보면 상품마다 다른 셀링 포인트도 빨리 찾아낼 것이고 시간을 두고 올린 상품에서 이익이 생겨 다른 상품에 투자하고 또 이러한 기반을 가지고 다음 상품을 올린다면 이전과 다르게 전혀 무리가 가지 않을 것이다.

그래서 여기서 이야기하는 10개의 자신만의 상품을 만들자고 하는 것이다.

실제 사진상의 샘플은 좋아 보여 중국에 샘플을 요청하고 1주일 만에 받은 휴직 걸이는 우리가 생각하고 있던 품질 마감 상태가 아니었다. 아래 그림은 그러한 예 중 한 가지이다.

위와 같은 경우 포장도 제품의 상태 또한 우리나라에서 팔릴 수 있는 것이 아니었다. 그래서 자신만의 제품을 찾는데 조금 더 시간을 들여 자신만의 제품을 찾고 만들어야 한다.

국내 제품으로 마감 및 제품의 신뢰성이 높은 제품

이렇게 차근차근 자신만의 제품을 만든다면 하나의 제품이 꾸준히 팔리고 또 다른 수익성 좋은 제품을 찾아 등록하는 작업을 해 나간다면 결코 어려운 일이 아니라고 생각한다.

물론 이보다 다양한 제품으로 더 많은 상품을 판매하는 고수분들은 얼마든지 있다. 그러나 우리는 이러한 대형화 사이트를 롤모델로 삼는 것이 아니다.

처음부터 하나의 제품을 온전히 기획에서 판매까지 맛을 보는 것이다. 이러한 전체적인 시스템을 경험하지 않고 자본을 들어 커다란 사이트를 만든다면 처음에는 좋을 수 있을지 모른다. 아니 자신이 온라인 판매 기획의 경험이 남들보다 뛰어나다면 당연히 그렇게 해야 한다.

그러나 우리는 초보 셀러, 온라인으로 이제 막 상품을 팔아보고 있는 단계이다.

그럼 이러한 하나하나의 과정의 자산이라고 생각하고 시간이 들어도 점진적으로 발전시켜 나가야 한다.

그리고 지금 현재 온라인 판매를 하고 있는 사장님들도 한 번쯤은 생각하고 검증해 봐야 한다고 생각한다.

많은 상담을 통하여 현장에서 체험한 바로는 오프라인에서 상당한 매출을 올리고 있는 중견업체인 경우에도 모든 온라인 마케팅은 외주 업체에 맡기고 있다는 사실이다. 설령 담당하는 마케팅 부서 또한 전반적인 상황을 고려하는 분들을 만나기란 쉽지 않았다.

그냥 자금을 집행하고 외주금액을 산출하고 셀링 포인트 따위는 고려하지 않는 경우도 보았다. 낭비되는 회사의 자금을 보면 참으로 안타까울 때가 한둘이 아니었다.

그래서 이 책을 쓰고 있는지도 모른다. 조금이나마 같은 고민을 하고 마케터와 마케팅 비용을 책정할 수 없는 1인 또는 소기업에서 이러한 내용을 읽고 필자와 같이 협업한다면 좋지 않을까 하는 생각도 해보았다. 그러면 좀 더 좋은 환경에서 일을 업무를 처리할 수 있지 않을까 하는 작은 소망에서 시작하였지만, 지금은 확신한다. 이러한 정보의 공유화 협업만이 앞으로 우리가 같이 살아나갈 수 있는 길이라는 것을.

OEM 방식으로 리브랜딩을 통한 제품 만들기

위의 사례처럼 제품을 직접 수입 또는 제조 공장을 찾아 만들었다면 이번에는 기존의 제품을 OEM 방식으로 리브랜딩하여 자신만의 제품을 만드는 공정도 만들어 보자

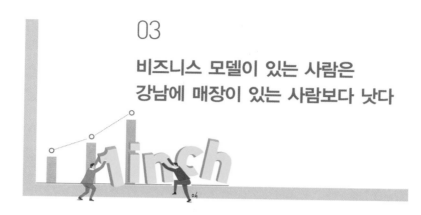

03

비즈니스 모델이 있는 사람은
강남에 매장이 있는 사람보다 낫다

비즈니스 모델이 있는 사람은 강남의 매장이 있는 사람보다 낫다고 이게 무슨 말도 안 되는 소리인가 하겠지만 많은 오프라인에서 사업을 하시는 분들은 10여 년 넘게 만나고 사업 초기부터 성장 과정을 지켜온 결과 내린 결론이다. 물론 자신의 빌딩 자산가라면 할 말이 없지만, 매장을 임대해서 운영하는 대부분의 자영업자들은 이에 해당한다고 이야기할 수 있을 것이다.

투자금에 권리금, 시설비 인건비 운영자금 막대한 자금이 돌아가고 겉으로 보기에는 잘 운영되는 것 같지만 실제 수익구조를 내고 꾸준히 운영하고 있는 매장은 그리 많이 있지 않다.

우리가 자영업자 창업과 폐업률을 굳이 지표를 예를 들어 따지지 않더라도 창업 후 3년 이상 사업을 유지하는 비율이 아주 낮은 것은 신문이나 뉴스를 들어 익히 알고 있다.

그런데 이러한 이야기를 하면서 왜 굳이 비즈니스 모델링을 이야기하는지 모른다는 분들도 있을 것이다.

필자도 처음 실제 사업을 운영하고, 창업한 사업은 17년 넘게 운영하고 있지만, 또 다른 분야에서는 3년도 운영하지 못하고 사업을 접어야 하는 쓰라림을 맛본 후에 이것을 개선하려면 어떤 것이 있을까 공부하고 알아보다가 마케팅과 비즈니스 모델링을 공부하며 배웠다.

사업을 하면서 처음 시작하시는 셀러분들이 초기에 겪게 되는 것은 상품을 어떻게 예쁘게 찍을까, 홈페이지를 어떻게 하면 잘 만들까, 조금 더 싼 택배사는 경비를 줄일 수 있는 다른 것들이 있지 않을 하는 점에 집중해서 이야기하고 만들어 가는 모습들을 보았다.

실제로 처음 온라인 사업을 이야기하며 주변의 이 사업을 하고 싶어 하는 두 분에게 비즈니스 모델링을 작성해보자고 제안한 적이 있습니다. 한 분은 성실히 작성하여 자신만의 맵을 만들고 지금은 사업장 내에 온라인 비중을 늘려나가고 있다.

그러나 다른 한 분의 상당한 시간이 지난 지금도 제가 드린 비즈니스 모델링이 메일 안에 잠자고 있다. 그리고 여전히 노동력의 수입 이외에는 전혀 수입원이 없으며 앞으로도 없을 것 같다.

오프라인 사업을 하며 비즈니스 모델링을 가지고 지속적으로 변화한 분과 다른 분을 비교하여 보면 처음에는 그 차이가 미미하였지만, 지금은 상당한 차이를 보인다.

그리고 한 분이 이제 노동으로 하는 수익을 내는 사업의 구조를 전체 사업의 30%로 그 비중을 줄이고 교육 및 온라인 사업에 매진하고 있다.

그럼 매장을 가지고 있는 일과 비즈니스 모델링과는 무슨 연관이 있느냐고 반문도 한다.

그것은 사업을 하는 지도와도 같습니다. 이러한 지도를 온라인 매장인테리어에 사용하는 비용에 쓸 것이 아니라 자신의 비즈니스 모델링을 구축하는 비용으로 사용하여 보이지 않는 자신만의 모델링을 만들 것인지는 각자의 몫인 것 같다.

땅으로 예를 들면 건물이다. 1층에 어떠한 매장이 들어오던 월세를 내는 것과 마찬가지로 어떠한 상황에서도 돈의 흐름이 자신의 사업 구조에 들어오도록 만들 수 있는 비즈니스 모델링을 구축하는데 상당한 비용과 시간을 투자하는 것이 향후 온라인 판매를 하든 아니면 오프라인 사업을 진행하든 다시 일어서고 성장해 나가는 데 중요한 요소로 차지한 것이고 성장할 수 있는 힘으로 작용할 것이다.

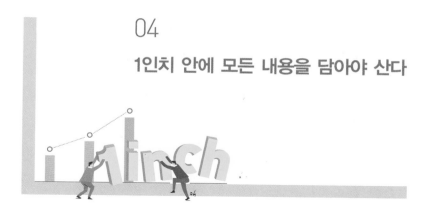

04
1인치 안에 모든 내용을 담아야 산다

1인치 안에 모든 내용을 담아야 산다. 라고 이야기하면 왜? 라고 답할 것이다.

그러나 이제는 모바일 시대이다. 갓 태어난 어린아이에게 유튜브 영상으로 교육을 하고 전철이나 버스에서 심지어 자신의 차에서도 이젠 내비게이션보다 스마트폰에서 사용하는 T맵이나 카카오 드라이버를 사용하는 사람들이 늘어나고 있다. 간혹 전철을 타본다면 거의 모든 사람들이 스마트폰에 눈이 가 있다. 자신만의 관심사에 더 집중하고 직관적인 스마트폰에서 빠져나오기 쉽지 않아 보인다. 이러한 기술적인 발전이 시장 현상 또한 바꾸어 놓았다.

아래 판매 현황을 나타내는 데이터를 보아도 90% 이상 스마트폰에서 구매가 이루어진 것을 알 수 있다.

그래서 다시 한번 강조하지만 1인치 스마트폰 화면에서 잘 보이도록 담아야 상품이 팔리고 팔릴 수 있는 최소한의 여건이 되는 것이다.

다음은 스마트 스토어 상세페이지를 구성하면서 PC 화면으로 상세페이지를 만들고 핸드폰에서 어떻게 보이는지 실제 실습을 해보는 시간을 만들어 보면 좋을 것 같다.

또한, 향후 자사 홈페이지를 만들더라도 꼭 스마트폰과 연동되는 작업을 확인 후 작업 의뢰를 하는 것이 좋을 것이다.

PART

08

온라인 평생직장
만들기와
수익자동화 확대하기

01

월 1000만 원 버는 수익자동화
1인치 스마트폰 마케팅 시스템

왜 월 1000만 원 버는 수익자동화 1인치 마케팅 인가? 필자가 계속해서 이야기하는 1인치 마케팅은 이젠 1인치 안에 전하고 싶은 모든 정보를 담아야 상품이 팔리고 하고 싶던 오프라인 매장도 잘 되게 할 수 있다는 함축적인 내용이 담겨 있다.

몇년 전까지만 해도 그렇지 않았다. 그러나 2020년 현재 모든 사람들이 스마트폰으로 하나가 되어 움직이고 생각을 공유하고 그곳에서 이야기하고 만남을 갖는다.

월 1000만 원 버는 시스템을 만든 것 또한 온라인 안에서이다. 쉬지도 않고 일을 할 때보다 몇 배의 수익을 낸 것도 온라인에서이다.

처음 광고를 만들어 실행하였을 때 1주일간 아무런 반응이 없어 여러 가지 테스트를 하고 카피를 바꾸고 다시 실행하고 하였을 어느

날 구매가 분 단위로 일어났다.

어제 올린 카피에 순서만 바꾸어 올렸을 뿐인데 다음날은 좋아요와 댓글이 100여 개 이상이 수 시간에 달렸다. 이렇게 다음 주도 또 다다음 주도 구매는 수는 급격하게 증가하였다.

그래서 깨달았다. 이렇게 1인치 안에 모든 내용을 담아야 온라인에서 살아남을 수 있구나. 이전에 쓰던 카피를 다시 보게 되었다.

소비자들이 구매를 선택하기까지 걸리는 평균 시간이 8초라고 한다.

점점 연령대는 낮아지고 작은 화면에 내가 하고 싶은 이야기를 담아야 한다. 이렇게 또 한 번 강조해서 말하고 싶다. 이 안에 모든 것을 담아야 산다.

그럼 자동화란 무엇인가. 광고의 자동화 페이스북뿐만이 아니라 지금은 다른 시스템에서도 광고를 만들어 놓으면 스마트폰에서 광고의 실행 할지 중지할지 언제 어디서든 버튼 하나로 컨트롤 할 수 있다.

이러한 기술의 발전이 이젠 자동화할 수 있는 환경을 만들어 주었다. 대행사에서도 담당자와 이야기하여 자신이 원하는 시간에 광고를 진행할 수 있다.

이렇게 자신이 하고 싶은 모든 일들이 점점 자동화되고 있다. 계속 스마트폰을 주시하지 않아도 된다.

그리고 다음 날 아침 이전에 실행한 광고의 효과를 간략하게 정리하여 문자로 보내준다.

그리고 어떤 광고가 더 효과적이었는지 순위까지 확인할 수 있다. 이제 어떤 직원이 이를 분석하는 데 며칠씩 걸리고 보고하는 부서가 없어도 분석한 데이터를 언제든지 받아 볼 수 있다. 이를 기반으로 즉시 현장에서 처리할 수 있으며 담당 직원이 있으면 즉시 업무를 지시하면 된다.

02
협업 시스템으로 한 단계 발전하기

협업으로 발전하려면 시스템을 만드는 것이다. 이것의 핵심은 사람이다. 사람과 사람이 만나는 것이다. 그러나 수많은 사람과 사업교육을 통해 터득한 바는 이러한 것을 시스템으로 만들고 이러한 시스템 속에 사람과 사람이 만나는 것이 핵심이다. 온라인은 하나의 수단이다.

우리가 하려고 하는 것은 팔려고 하는 사람과 제품을 생산하는 사람 그리고 이것을 기획하고 팔 수 있는 환경을 만드는 사람들이 한자리에 모이게 하는 것이다.

단순히 상품을 소싱하고 이것을 어떻게 상세페이지를 만들고 온라인에 등록하는 문제는 전체적인 과정의 일부분일 뿐이다.

최종적인 목표는 이러한 일을 하는 분들일 온라인상에서 교류하고 서로 가지고 있는 정보를 공유함으로써 가치 있는 정보로 발전시키고 또 필요한 이러한 정보를 필요한 분들이 잘 사용하게 하는 것이 목적이다.

예를 들어 처음에 만난 온라인 셀러 모임에 단톡방에 필자가 올린 인스타에 관한 자료를 한 분이 정리하기 힘들었고 계속해서 이러한 자료를 찾고 있었다고 말씀해 주었다. 이처럼 이러한 자료가 필요한 사람에게는 돈을 주고도 바꾸기 힘든 좋은 자료이다. 이것은 정보를 넘어 실질적인 수익을 낼 수 있는 중요한 정보로 바뀌는 것이다.

똑같이 필자 또한 이러한 모임을 통하여 얻은 좋은 정보들이 많이 있다. 정말 필요한 자료였는데 어떻게 하면 구할까 생각하고 있던 것이 어떤 프로그램을 하는 분이 너무도 쉽게 필자한테 그런 자료 많이 있으니, 이번에 프로젝트 할 때 만들어 놓은 것이라면서 선뜻 건네주었다.

그러나 이젠 온라인이란 공간에서 시간과 공간을 넘어 만날 수 있는 시대이기 때문에 더욱 강조하는 것이다. 이제 협의의 시대 온라인에서 협업해야 지금 거대 자본을 바탕으로 밀고 들어오는 경쟁사를 이길 수 있다. 아니 최소한 살아남을 수 있을 것이다.

그리고 이러한 일들을 앞으로 엄청나게 빠른 속도로 진행될 것이다. 이제 5G 시대를 언론에서 말하고 있다. 자동차를 운전하며 내비게이션이 이제 안내하는 것에 지나지 않고 필요한 정보를 말로 하면 바로 알려 준다. 맛집을 찾는 더 이상 동승자에게 물어보지 않아도 된다.

수많은 데이터를 가지고 있는 인공지능이 알아서 최적에 장소를 찾아 준다. 그리고 이것에 익숙해져 있다. 앞으로 쇼핑 또한 마찬가지일 것이다. 이러한 온라인의 발전 속도를 어떻게 따라잡을 것인가 혼자 앉아서 도서관에서 정보를 수집하고 공부하는 시대는 지나갔다.

이러한 정보를 공유하고 서로 온라인상에서 논의한다면 1년 동안 만들어야 했던 지식을 1달 빠르면 며칠 만에라도 듣고 시연하고 따라 해 볼 수 있을 것이다.

이러한 시대에 우리는 살고 있다. 그래서 필자는 한 번 더 강조하는 것이다. 이러한 시대 협업의 장을 만들자고. 그리고 거대 자본을 이길 수 있는 것은 교육이 길이라고. 나름 서로를 일에서 두각을 나타내는 분들이 모인다면 이러한 5G 시대에 창의적인 상품을 만들어 내고 이를 바탕으로 서로 공생하는 사회를 만들어 나갈 수 있을 것이다.

03
상품만 판다고 생각하지 마라

내가 만난 마케터 중 한 분은 중견기업 연구원으로 있으며 페이스북과 에드센스를 통하여 한 달에 자신의 월급 외로 매달 200만 원의 순수익을 내는 것을 직접 보았다. 퇴근 후 자신이 좋아하는 글을 쓰며 1시간에서 2시간가량 투자하여 얻는 수익으로는 적지 않은 금액일 것이다.

지금 올리고 있는 이러한 수익은 자신의 스승에 비하면 아무것도 아니라고 이야기하였다. 그리고 실제 숨은 온라인으로 고수익을 올리는 고수들이 보이지 않는 곳곳에 있다고 이야기해주었다.

그리고 여기서 이야기하고 싶은 것은 꼭 상품만을 판매하는 것이 정답이 아니라는 것이다.

얼마 전 인테리어 현장에서 만난 젊은 친구는 어려서 억지로 그림을 배웠다고 한다. 그러나 그러한 재능을 썩혀 두고 육체적으로 힘든 인력시장에 나가, 힘든 하루를 보내는 것을 보았다.

그래서 잠시 이야기해 보았다. 그러한 재능을 재능기부 사이트 같은 곳에 올리고 그림 그리는 재능으로 또 다른 수익원 만들어 보라고 조언해 주었다. 그리고 지금은 그림 그리는 일과 현재의 일을 병행해 보다가 점차 자신의 재능을 발휘할 수 있는 길로 가 보라고 권유해 보았다. 그런데 그 친구는 기술을 배운다고 한다.

좋은 재능을 가지고 있으면서 단순 노동을 계속한다는 그 친구의 미래가 안타까울 뿐이다. 물론 자신이 하고 싶은 일을 하는 것이 나쁘다고 이야기하고 싶지는 않다.

하지만 20년 넘게 기술로 살아온 한 분의 이야기가 귀가에 선하게 들려온다. 인테리어 기술을 배우면 날씨가 더워지면 더운 데서 추우면 추운 데서 일한다고. 온라인 시스템 수익자동화를 굳이 상품을 파는 것에 국한하지 말고 생각해 봤으면 한다.

분명한 것은 어떠한 것이든 간에 자신만의 비즈니스 모델을 만들고 이것을 이용하여 수익을 자동화할 수 있는 시스템을 만드는 것이다.

우리는 그러한 시스템을 경험했고 우리는 단지 상품을 파는 것이 아니라 시스템을 파는 것이다.

04

나에게 찾아온 2번째 기회를
놓치지 말자

살다 보면 3번에 기회가 온다고 한다. 우리가 혹시 모를 첫 번째 기회를 놓쳤다면 2번째 기회는 놓치지 말았으면 좋겠다고 생각한다.

비즈니스 모델링을 받아들인 경우와 아닌 경우는 결과가 극명하다. 실제 똑같은 상황에서 비즈니스 모델링을 적요한 업체와 아닌 업체와의 차이는 극명할 뿐만 아니라 수익구조 또한 현저하게 차이가 난다.

실제 오프라인의 업체의 블로그 마케팅을 컨설팅한 사례를 들면 이해하기 쉬울 것이다.

블로그 마케팅을 기본이라고 할 수 있는 매일 포스팅을 해야 하는 것은 당연한 일이다. 여기에 개인 브랜딩까지 한다면 좀 더 좋은 결과가 있을 것이다.

현장에서 비즈니스 모델링에 관하여 의뢰를 받은 적이 있어 사례를 소개한다면 한참 블로그에 관하여 기본적인 마케팅을 해달로고 해서 동일한 업종을 하고 있는 2개 업체에 제안을 한 적이 있다.

앞으로 꼭 필요한 개인 브랜딩과 비즈니스 모델링에 관하여 두 업체에 똑같은 시간에 똑같은 비즈니스 모델링 작성표를 보여주었다.

블로그 포스팅만 해도 되는데 좀 더 좋은 환경에서 일할 수 있는 수익구조를 만들면 좋겠다고 생각해서 보낸 것이다.

온라인뿐만 아니라 오프라인의 매장도 분명 자동화할 수 있는 구조는 어디에나 있다. 그러나 이런 것을 타인이나 컨설팅할 수 있는 눈을 가진 사람이 보는 것은 확연히 다르다. 수익구조를 생각하지 않고 일을 해 나간다면 사업주는 습관처럼 운영하던 회사를 자신의 방식대로 운영해 나갈 것이다. 이러한 일들이 고착된다면 다시 좋은 수익구조로 바꾸기란 좀처럼 쉬운 일이 아니게 된다.

일단 결론을 말씀드리면 한 업체는 답변조차 없었고 한 업체는 한 번 해보는 것이 좋을 것 같다면 피드백을 주었다. 같이 고민하고 만들어 낸 수익구조를 가지고 마지막 검증까지 끝낸 업체는 이루 말할 수 없는 자산을 가질 수 있었고 그러한 기회를 포기한 업체는 아직도 누가 일이 있어 부르면 가야 하는 10년 전 모습 그대로 일을 하고 있다.

이처럼 기회는 2번 오지 않는다.

누군가 현재의 자신을 일에 대하여 더 좋은 방향이 있다고 조언해 온다면 한 번쯤은 과감하게 받아들이는 것도 좋을 것이다.

아니 받아들이지 않는다 해도 조언해 주는 분에게 최소한의 답변만이라도 한다면 다음에 한 번의 기회는 더 가지지 않을까 한다.

누군가 조언을 해오면 받아들이지 못한다면 최소한 답변이라도 보냈으면 한다.

그래야 자신에게 찾아온 2번째 행운을 놓치지 않을 것이다.

상승몰 협업 시스템 소개

협업을 통한 동반성장 플랫폼 상승 마케팅 캠퍼스

상승몰 : www.ssmall.biz

05

판매 실무를 위한
상품 올리기 실무 TIP

상품을 판매하기 위한 기본적인 상품명 및 판매
단가 산정하기 등 실무에 필요한 사항을 간단하게 정리하여 보았다.
그리고 아래 마케팅 실무 TIP 또한 그림으로 정리하였다. 실제 업무
에 필요한 사항을 정리하여 내 것으로 만들고 참고하여 적용해 보면
좋을 것이다.

ESMPLUS (옥션/지마켓)

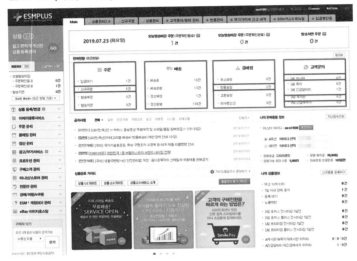

신규 주문 확인되면 V 체크 후 주문확인 버튼 클릭하면 주문 접수 완료

V 체크 후 택배사 및 송장 번호 입력 후 발송 처리하면 됩니다.

결제완료 확인되면 V 체크 후 주문확인 버튼 클릭하면 주문 접수 완료

V 체크 후 발송처리(송장입력)을 클릭

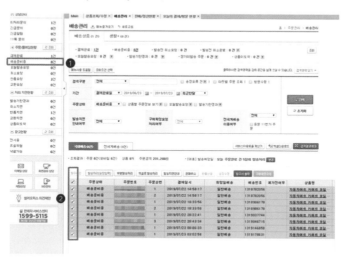

팝업 화면이 뜨면 [택배(선택)] [롯데택배(선택)] 후에 선택 적용.
그리고 송장 번호 입력후 발송처리 버튼을 클릭하면 발송 완료.

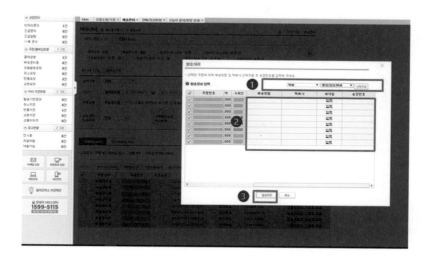

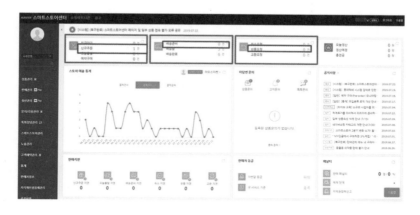

신규 주문 확인되면 V 체크 후 발주확인 버튼 클릭하면 주문 접수 완료

V 체크 후 택배사 및 송장 번호 입력 후 발송 처리하면 됩니다.

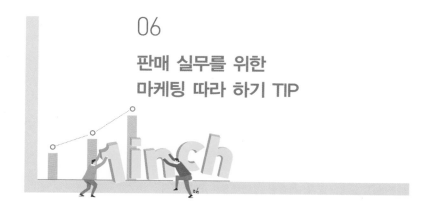

2. 상품 가격 산정과 마진 계산법

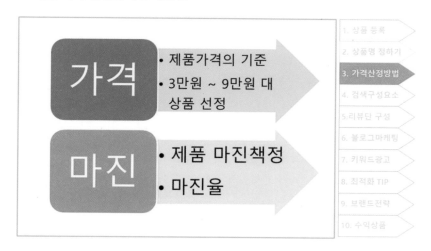

4. 네이버 검색 구성 요소를 알아 보자

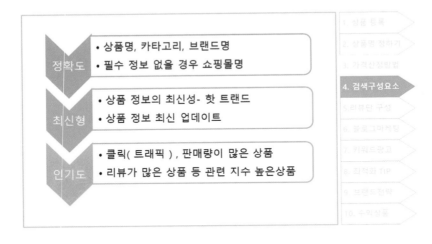

4. 네이버 검색 구성 요소를 알아 보자

4. 네이버 검색 구성 요소를 알아 보자

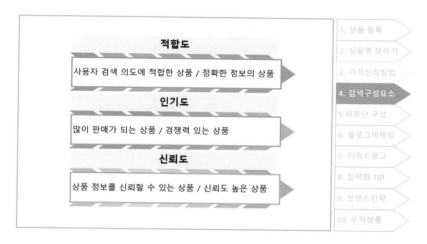

5.리뷰단 구성 (사례01)

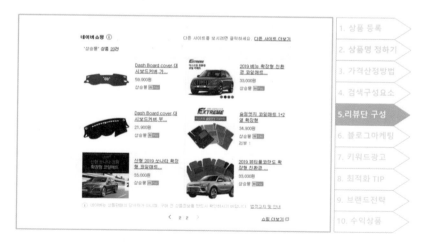

신형 2019 쏘나타 확장
형 코일매트...

33,000원
상승몰 N Pay

2019 뷰티풀코란도 확
장형 친환경...

33,000원
상승몰 N Pay

ⓘ 네이버는 쇼핑몰판매의 당사자가 아니므로 구매 전 상품정보를 반드시 확인하시기 바랍니다.   법적고지 및 안내

〈 2 2 〉   쇼핑 더보기 ⯈

N Pay 누구나 받는 2.5%, 포인트 충전하고 1.5% + 결제하면 1% 더!   확인

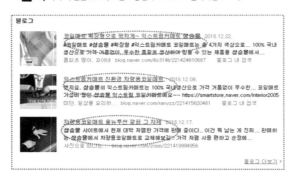

블로그

코일매트 '확장형'으로 꽉차게~ 익스트림카매트 '상승몰' 2018.12.22.
#코일매트 #상승몰 #확장형 #익스트림카매트 코일매트는 총 4가지 색상으로.... 100% 국내
생산으로 가격 거품없이 유수한 품질로 생산하여 믿을 수 있는 제품을 상승몰에서...
톰피츠 멍이, 꼬야티 blog.naver.com/llo314l/221424610687   블로그 내 검색

익스트림카매트 친환경 차량용코일매트 2018.12.09.
했지요. 상승몰의 익스트림카매트는 100% 국내생산으로 가격 거품없이 우수한... 코일매트
가성비 할인 상승몰 익스트림 코일카매트요~~ https://smartstore.naver.com/interior2005
미단, 일상용 요리하... blog.naver.com/ranyzz/221415620481   블로그 내 검색

차량용코일매트 올뉴투싼 깔끔 그 자체! 2018.12.17.
상승몰 사이트에서 현재 대박 저렴한 가격에 판매 중이예요. 이건 뭐 남는 게 진짜... 판매하
는 상승몰에서 차량용코일매트로 교체해보길래!! 가격 저렴 사용 편하고 순정에...
사진으로 정미하... blog.naver.com/zopp/221419994956

블로그 더보기 ⯈

7. 파워링크 키워드 광고

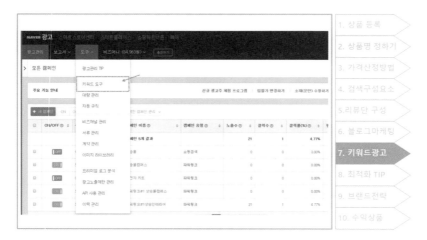

7. 파워링크 키워드 광고

"1인치 마케팅을 지금 시작하자!"

우선 이 책이 나오기까지 많은 지원을 해주신 분들께 감사의 말씀부터 드립니다. '과연 책을 쓴다는 것이 가능할까' 라는 의문도 있었지만, 방법을 찾고 실행해 나갔습니다. 협업을 통한 성공을 이야기하고 싶었습니다. 생각보다 부족한 점이 많지만 앞으로 조금 더 채워나가고 성장해 나가는 모습을 온라인에서도 오프라인에서도 보여줄 것입니다. 이제 시작이라고 생각합니다. 같이 고민하고 성장해갈 파트너들이 늘어나고 성장해 나갈 수 있도록 돕는 것이 필자의 사명이라고 생각합니다. 그리고 그렇게 하다 보면 성공은 자신의 눈앞에 와 있으리라 생각됩니다.

이제 온라인 세상에 한 부분에서 자신의 비즈니스 모델을 가지고 성장해 나가는 여러분이 되었으면 합니다. 그러기 위해서는 다음 다섯 가지 파트를 함께 연구하고 만들어 나갔으면 합니다.

첫째 : 자신만의 비즈니스 모델링 만들기
둘째 : 협업을 통한 동반성장
셋째 : Editorial power(편집력)기르기
넷째 : 좋은 콘텐츠 상품을 찾고 만들고 업그레이드시키기
다섯째 : 1인치 마케팅을 통한 자동화 만들기

여기에 좋은 상품, 콘텐츠를 꾸준히 만들어 내고 1인치 마케팅을 이해하고 발전해 나간다면 스마트폰에서 이루어지는 온라인 세상의 주인에 될 수 있다고 봅니다.

아래 비전은 필자가 온라인을 시작하며 30년 후 5000명의 온라인 리더에게 감사의 말씀을 전하는 모습을 상상하며 만들었습니다. 이제 앞으로 30년 여러분과 미래를 함께하였으면 합니다.

상승몰 비젼 30년

상승 정보혁명 30주년 기념
교육을 통한 정보혁명과 협업을 시작한 지 30년
고객과 함께하는 상승, 공정한 상승, 교육을 통한 창조의 상승
함께한 5000명의 리더에게 감사의 메시지를 전합니다.

감사합니다.

2049년 6월 13일